Humor der Weltliteratur

Die besten Kurzgeschichten von Mark Twain

Ausgewählt von
Dieter Zimmer

FALKEN

In der FALKEN Reihe „Humor der Weltliteratur“ sind noch folgende Titel erschienen:
„Kritik des Herzens. Heiter-besinnliche Verse von Wilhelm Busch“ (4459)
„Die schönsten Galgenlieder von Christian Morgenstern“ (4460)
„Ein Mensch... und andere heitere Verse von Eugen Roth“ (4461)
„Scherz und Satire von Roda Roda“ (4462)
„Beliebte Autoren des 19. Jahrhunderts: Englischer Humor“ (4463)

CIP-Titelaufnahme der Deutschen Bibliothek

Twain, Mark:
Die besten Kurzgeschichten / von Mark Twain. Ausgew. von Dieter Zimmer. – Niedernhausen/Ts.: FALKEN, 1989
(Humor der Weltliteratur)
ISBN 3-8068-4458-5
NE: Twain, Mark: [Sammlung ‹dt.›]

ISBN 3 8068 4458 5

Quellen- und Copyrightnachweise am Schluß des Bandes
Titelbild: Dagmar Geisler, Frankfurt am Main
Umschlaggestaltung: Manfred Waller, Reinbek
Satz: Typo Schröder Fotosatz, Dernbach
Druck: Wiener Verlag, Himberg bei Wien
Printed in Austria

817 2635 4453 6271

INHALTSVERZEICHNIS

Liebe Leserin, lieber Leser,

„Tom!“

Keine Antwort.

„Tom!“

Keine Antwort.

„Was ist bloß wieder los mit dem Jungen, möcht ich wissen! Hallo Tom!“

So begann das Lieblingsbuch meiner Kindheit. (Das Ihre vielleicht auch?) Es stand in harter Konkurrenz mit zwei anderen Werken der Weltliteratur: „Emil und die Detektive“ und „Der Schatz im Silbersee“. Aber Tom ließ beide um eine Nasenlänge hinter sich.

Seinerzeit konnte ich, des Englischen noch nicht mächtig, den Titel nur deutsch aussprechen: Tom Sawie-ers Abenteuer. Aber ich fraß das Buch ein ums andere Mal, und es löste, mehr noch als Karl May, eine große Sehnsucht nach Amerika aus, die lange ungestillt blieb. Tom und seine Freunde und Feinde waren mir vertraut wie meine eigenen Freunde und Feinde, und als einmal ein Film über „Tom Sawyers Abenteuer“ ins Kino kam, ging ich nach der Hälfte, weil das nicht „mein“ Tom Sawyer war.

Jahrzehnte später, als ich selbst die Geschichte einer ganz anderen Kindheit, zu anderer Zeit an anderem Ort, zu Papier brachte, nannte ich den kleinen Helden „Thomas“, als klitzekleine Reverenz an den großen Meister meines Kindheitslieblingsbuchs.

Mark Twain begegnete ich an der Universität wieder, im Seminar über amerikanische Literatur. Dort wurde erstmal gründlich mit dem Vorurteil aufgeräumt, Mark Twain sei ein Kinderbuchautor. Das wird auch nur außerhalb Amerikas angenommen, aus Unkenntnis seines umfangreichen Werks. Selbst „Huckleberry Finns Abenteuer" sind, obwohl der Titelheld ein Knabe ist, alles andere als Lausbubengeschichten für Kinder. Manche Fachleute sehen in diesem herrlichen Buch das erste große, eigenständige erzählerische Werk der amerikanischen Literatur, und immerhin Ernest Hemingway meinte sogar, die ganze moderne amerikanische Literatur stamme von diesem Buch ab, dem besten, das Amerika habe.

Dieses junge Land USA suchte ja zu Mark Twains Zeiten, also in der zweiten Hälfte des 19. Jahrhunderts, noch nach einer kulturellen Identität. Sofern die Einwanderer aus aller Herren Ländern ihre Kultur mitgebracht hatten, versuchten sie sie fern der Heimat zu pflegen. Aber etwas originär Amerikanisches entwikkelte sich nur zögernd.

Die Leute hatten ja auch erstmal was anderes zu tun! Die kurze Geschichte der USA ist rauh und erzählt bis in unser Jahrhundert hinein von beispielhafter Tapferkeit und beispielloser Härte, bisweilen Grausamkeit, bei der Inbesitznahme und Erschließung des riesigen Landes. Die Siedler und Goldgräber im Westen hatten keinen Goethe unterm Kopfkissen, höchstens ein Schießeisen. In dieser Zeit und Gegend entstand, wie ich im Seminar lernte, ein erster eigenständiger Beitrag Amerikas zur Literatur: die Kurzgeschichte. Sie erschien in der Zeitung, und die Zeitung war in vielen Häusern, Hütten und Zelten das einzige Gedruckte.

Mark Twain war einer der profiliertesten Schreiber solcher Geschichten. In Virginia City, einer heute touristisch wieder aufgemöbelten Gold- und Silbergräberstadt in Nevada, kann man die Druckerei der Zeitung „The Territorial Enterprise“ besichtigen, für die Mark Twain schrieb. Er war damals Mitte zwanzig.

Als er dreißig war und – mittlerweile in San Francisco – seinem Journalistenberuf schon mit gewissen literarischen Ambitionen nachging, kam über Nacht die Berühmtheit: mit dem Abdruck seiner Geschichte „Der berühmte Springfrosch von Calaveras“ in einer New Yorker Zeitung.

Bald darauf war aus dem Silbergräber und Abenteuerreporter im Wilden Westen ein erfolgreicher und gesellschaftlich etablierter Schriftsteller an der Ostküste geworden. Seine große Zeit fiel in eine Periode, die die Amerikaner „the gilded age“ nennen, ihr vergoldetes Zeitalter: die Jahrzehnte zwischen dem Ende des Bürgerkriegs 1865 und der Jahrhundertwende. Das war, ähnlich den deutschen „Gründerjahren“, eine Phase wildester Expansion mit all ihren sozialen Schattenseiten, eine Phase ungebrochenen, wenn auch oft oberflächlichen Fortschrittsglaubens.

Mark Twain (eigentlich Samuel Langhorne Clemens) wuchs in Hannibal/Missouri auf, wo man noch den (angeblichen) Zaun zu sehen bekommt, den Tom Sawyer anstreichen sollte. Dieses Nest am großen Mississippi, heute trostlos von wirtschaftlichem Niedergang gezeichnet, ist in „Tom Sawyer“ (dort heißt es „St. Petersburg“) zum Schauplatz einer glücklichen Jugend verklärt, zur schönsten Idylle der amerikanischen Literatur, wenn nicht darüber hinaus.

Weiter in der Vita: früher Tod des Vaters, Schriftsetzerlehre, Wanderjahre in diesem Beruf, Arbeit als

Lotse auf dem Mississippi (daher der Künstlername, „Mark Twain“ heißt etwa: zwei Faden Wassertiefe markieren!), fünf Jahre im Westen, erste Veröffentlichungen, Reisen durch die halbe Welt, Ehe mit einer Frau aus reichem Hause, viele Bücher, weitere Reisen, höchstes Ansehen, Bekanntschaft mit Präsidenten und Monarchen (z. B. Wilhelm II.), zwischendurch ein totaler Bankrott durch ein unglückliches geschäftliches Engagement, harte Arbeit, Tilgung der Schulden bis auf den letzten Cent, viel zu früher Tod von Tochter und Frau. Erfahrungen, die ihn am Ende pessimistisch, ja misanthropisch werden ließen. Ein bewegtes Leben, das im Alter von 74 Jahren 1910 endete.

Unserer Auswahl typischer Mark Twainscher Stories habe ich das zweite Kapitel von „Tom Sawyers Abenteuern“ hinzugefügt. Weil es so schön ist. Weil ich es so oft so gern gelesen habe. Und weil es vielleicht jene unter Ihnen animiert, die tatsächlich den Tom Sawyer noch nicht kennen sollten.

Viel Freude beim Lesen,

BURLESKE AUTOBIOGRAPHIE

Da zwei oder drei Leute zu verschiedenen Zeiten angedeutet haben, sie würden, wenn ich eine Autobiographie schriebe, diese lesen, falls sie Muße dazu fänden, gebe ich schließlich diesem brennenden allgemeinen Verlangen nach und unterbreite hiermit meine Lebensgeschichte.

Einem edlen und alten Hause entstamme ich. Es reicht weit zurück in das Altertum. Der älteste Ahn, von dem die Twains irgendwelche Kunde haben, war ein Freund der Familie mit Namen Higgins. Das war im elften Jahrhundert, als unsere Sippe in Aberdeen, Grafschaft Cork, in England lebte. Aus welchem Grunde unsere lange Geschlechterfolge statt des Namens Higgins seitdem stets den mütterlichen trug (nur hin und wieder nahm einer spaßeshalber Zuflucht zu einem falschen Namen, um der Narrheit vorzubeugen), ist ein Geheimnis, an das zu rühren keiner von uns je große Lust hatte. Es ist so etwas wie eine nebelhafte, schöne, romantische Liebesgeschichte, und wir rühren nicht daran. So machen es alle alten Familien.

Arthour Twain war ein Mann von beträchtlichem Ansehen – ein Sachwalter der Landstraße aus der Zeit des William Rufus. Mit ungefähr dreißig Jahren besuchte er eine jener hochfeinen alten Vergnügungsstätten Englands, namens Newgate, um irgendwas zu besorgen, und kam nicht mehr wieder. Bei seinem Aufenthalt dort starb er plötzlich.

Augustus Twain hat um das Jahr 1160 offenbar ziemlich Furore gemacht. Er steckte immer voller Späße wie selten einer; gewöhnlich nahm er seinen alten Säbel und schärfte ihn, ging in dunkler Nacht an einen geeigneten Ort und stieß den Säbel durch die Leute, die vorbeikamen, weil er sie springen sehen wollte. Er war der geborene Spaßvogel. Doch allmählich trieb er es zu weit, und als er das erstemal dabei erwischt wurde, wie er einen der Betroffenen ausnahm, entfernten die Behörden das eine Ende von ihm und steckten es auf eine hübsch hohe Stelle auf Temple Bar, wo es sich gut sehenlassen und die Leute betrachten konnte. Keine andere Stellung gefiel ihm so gut, und an keiner hielt er so lange fest.

Für die nächsten zweihundert Jahre zeigt der Stammbaum der Familie dann eine Folge von Kriegern – edle, hochgemute Burschen, die stets singend in die Schlacht zogen, gleich hinter der Armee.

Damit ist der klägliche Witz des alten toten Froissart vernichtend zurückgewiesen, daß unser Stammbaum nie mehr als einen Ast besaß und daß dieser rechtwinklig zur Seite ragte und winters wie sommers Früchte trug.

Im frühen fünfzehnten Jahrhundert haben wir Beau Twain, genannt „der Gelehrte“, aufzuweisen. Er schrieb eine wunderschöne Hand. Und er konnte jedermanns Schrift so getreulich nachahmen, daß man sich einfach totlachen mußte, wenn man es sah. Dieses Talent bereitete ihm unendliche Freude. Später aber ging er einen Vertrag ein, für die Landstraße Steine zu brechen, und diese grobe Arbeit verdarb seine Handschrift. Dennoch genoß er das Leben die ganze Zeit über, die er im Steingeschäft war, was mit unwesentlichen Unterbrechungen etwa zweiundvierzig Jahre währte. Er starb in den Sielen. In allen diesen langen

Jahren wirkte er zu solcher Zufriedenheit, daß ihm die Regierung stets einen neuen Vertrag gab, kaum daß der alte eine Woche abgelaufen war. Er war das reinste Lieblingskind. Und immer hatten ihn die Zunftgenossen ins Herz geschlossen, und er war ein hervorragendes Mitglied ihrer wohltätigen Geheimgesellschaft, genannt die Kettenbande. Das Haar trug er immer kurz, er besaß eine Vorliebe für gestreifte Anzüge und starb, betrauert von der Regierung. Das war ein schmerzlicher Verlust für das Land, denn er war in allem so regelmäßig.

Einige Jahre später haben wir den erlauchten John Morgan Twain. Im Jahre 1492 kam er als Passagier mit Kolumbus nach Amerika. Er scheint ein unangenehmes, mürrisches Wesen besessen zu haben. Während der ganzen Fahrt beschwerte er sich über das Essen und drohte dauernd, an Land zu gehen, wenn es sich nicht ändere. Er wollte frische Alsen. Es zog kaum ein Tag über sein Haupt dahin, an dem er nicht mit erhobener Nase auf dem Schiff herumtrödelte, sich über den Kapitän mokierte und sagte, er glaube nicht, daß Kolumbus wisse, wohin er fahre, oder daß er jemals schon dort gewesen sei. Jedes Herz an Bord erbebte bei dem denkwürdigen Ruf „Land in Sicht", nur seines nicht. Er starrte eine Weile durch ein Stück geschwärztes Glas auf den feinen Strich, der in der Ferne über dem Wasser lag, und sagte dann: „Quatsch, Land – ein Floß ist es!"

Als dieser fragwürdige Passagier an Bord kam, hatte er weiter nichts bei sich als eine alte Zeitung, in die er ein Taschentuch, gezeichnet BG, eine baumwollene Socke, gezeichnet LWC, eine Wollsocke, gezeichnet DF, und ein Nachthemd, gezeichnet OMR, gewickelt hatte.

Und doch regte er sich während der Reise mehr wegen seines „Koffers“ auf und machte mehr Getue damit als alle übrigen Passagiere zusammen. Wenn das Schiff kopflastig war und sich nicht steuern ließ, ging er hin und bewegte seinen „Koffer“ weiter nach achtern, und wartete ab, was passierte. Wenn das Schiff achtern wegsackte, empfahl er Kolumbus, ein paar Leute abzukommandieren, die „das Gepäck verlagern“ sollten. Bei Sturm mußte er geknebelt werden, denn bei seinem Gejammer um den „Koffer“ war es den Leuten unmöglich, die Befehle zu verstehen.

Es hat nicht den Anschein, daß der Mann irgendwelcher schwerwiegender Unziemlichkeiten offen beschuldigt wurde, aber im Logbuch ist als „merkwürdiger Umstand“ niedergelegt, daß er sein Gepäck, obwohl er es in Zeitungspapier an Bord brachte, in vier Koffern, einem großen Packkorb für cremefarbenes Wedgwood-Porzellan und ein paar Champagnerkörben an Land schaffte. Als er jedoch zurückkam und in unverschämter, prahlerischer Weise zu verstehen gab, daß ihm verschiedene Sachen fehlten, und er sich daran machte, das Gepäck der anderen Passagiere zu durchsuchen, da war das Maß voll, und man warf ihn über Bord. Lange schauten sie verwundert aus, ob er wieder hochkäme, aber nicht einmal eine Blase zeigte sich auf dem ruhig verebbenden Wasser. Doch während jeder gebannt über die Reling starrte und das Interesse mit jedem Augenblick wuchs, bemerkte man bestürzt, daß das Schiff abtrieb und die Ankerkette schlaff vom Bug hing.

In dem vergilbten alten Logbuch findet man nun folgende seltsame Eintragung: „Alsobald ward kund, daß der lästige Passagier hinabgefahren war zu dem Anker, und er nahm diesen, ging hin und verschacherte ihn den vermaledeiten Wilden aus dem Innern des Landes und sprach zu ihnen, er habe ihn gefunden, der Strolch."

Doch dieser Vorfahre hatte gute und edle Anlagen, und mit Stolz erinnern wir uns daran, daß er der erste Weiße war, der sich für das Werk interessierte, die Indianer zu zivilisieren und auf einen höheren Stand zu heben. Er baute ein geräumiges Gefängnis und stellte einen Galgen auf, und bis zu seinem letzten Tag behauptete er mit Genugtuung von sich, daß er einen zurückhaltenderen und erhebenderen Einfluß auf die Indianer ausgeübt habe als alle anderen Reformer, die jemals unter ihnen gewirkt hatten. An dieser Stelle wird die Chronik weniger offenherzig und gesprächig und schließt abrupt mit der Mitteilung, der alte Seereisende sei sich ansehen gegangen, wie der Galgen beim ersten Weißen in Tätigkeit trat, der in Amerika gehängt wurde, und als er dort war, habe er Verletzungen erlitten, die zu seinem Tode führten.

Der Urenkel des „Reformers" blühte und gedieh um sechzehnhundertsoundsoviel und ist in unseren Annalen als „der alte Admiral" bekannt, obgleich er in der Geschichte andere Titel führt. Lange Zeit befehligte er eine Flotte schneller Schiffe, gut bewaffnet und bemannt, und leistete große Dienste, indem er Handelsschiffe zur Eile antrieb. Schiffe, denen er folgte und auf die er sein Adlerauge richtete, holten über den Ozean regelmäßig eine gute Zeit heraus. Wenn jedoch ein Schiff trotz allem, was er unternahm, immer noch bummelte, so wuchs sein Unwille, bis er sich nicht mehr beherrschen konnte – und dann nahm er das Schiff mit zu sich nach Hause und behütete es sorglichst, in der Erwartung, daß die Besitzer es holen kämen, aber sie kamen nie. Und er versuchte nun immer, den Matrosen des Schiffes die Trägheit und Faulheit auszutreiben, indem er sie zwang, kräftigende Leibesübungen zu machen und ein Bad zu nehmen. Das nannte er „über Bord springen". Allen Zöglingen gefiel das. Jedenfalls hatten sie nie etwas daran auszusetzen, nachdem sie es probiert hatten. Wenn sich die Besitzer zu viel Zeit ließen, ihre Schiffe abzuholen, zündete sie der Admiral an, damit das Versicherungsgeld nicht verlorenging. In der Fülle seiner Jahre und Ehren wurde dem prächtigen Seebären der Hals abgeschnitten. Bis zu ihrem Tode glaubte die arme Witwe, daß man ihn eine Viertelstunde früher abgeschnitten hätte.

Charles Henry Twain lebte in der zweiten Hälfte des siebzehnten Jahrhunderts und war ein eifriger, verdienter Missionar. Sechzehntausend Südseeinsulaner bekehrte er und brachte ihnen bei, daß ein Hundezahnhalsband und eine Brille als Bekleidung nicht ausreichen, wenn man zum Gottesdienst kommt. Seine arme Gemeinde liebte ihn über alle Maßen, und als sein Leichenbegängnis vorüber war, erhoben sie sich alle gemeinsam (und gingen aus der Gaststätte) und sagten mit Tränen in den Augen zueinander, daß er ein guter, zarter Missionar gewesen sei und daß sie wünschten, es wäre noch etwas von ihm da.

Pah-Go-To-Wah-Wah-Pukketekeewis (der Mächtige – Jäger-mit-dem-Schweinsauge-Twain) zierte die Mitte des achtzehnten Jahrhunderts und half General Braddock mit ganzem Herzen, dem Unterdrücker Washington zu widerstehen. Es war dieser unser Ahn, der hinter einem Baum hervor siebzehnmal auf unseren Washington feuerte. So weit stimmt der schöne, abenteuerliche Bericht in den belehrenden Märchenbüchern; wenn aber der Bericht dann weitergeht und es heißt, daß der von Ehrfurcht ergriffene Wilde bei der siebzehnten Ladung feierlich sagte, dieser Mann sei vom Großen Geist zu einer großartigen Sendung auserlesen und er wage nicht, die frevlerische Büchse noch einmal gegen ihn zu erheben, schwächt der Bericht ernstlich die Wahrheit ab. Folgendes hat er nämlich gesagt: „Hat – hick – hat keinen Zweck. Der Mann is' so besoffen, der kannich lange genug stillstehn, bis 'n einer trifft. Ich – hick – ich kann's mir nich leisten, mehr Munizjohn auf ihn zu verplempern."

Deshalb also hörte er beim siebzehnten Schuß auf, und das war ja auch ein guter, einfacher und nüchterner Grund – ein Grund, der sich uns durch seinen beredten, überzeugenden Beigeschmack von Wahrscheinlichkeit, den er besitzt, vielleicht anbietet.

Die Darstellung des Märchenbuches hat mir immer wieder gefallen, nur störte mich dabei stets die böse Ahnung, daß jeder Indianer, der bei Braddocks Niederlage ein paarmal auf einen Soldaten feuerte (im Laufe eines Jahrhunderts wird aus zwei ganz leicht siebzehn) und ihn verfehlte, voreilig den Schluß zog, dieser Soldat sei vom Großen Geist zu einer großartigen Sendung auserlesen; und deshalb habe ich irgendwie befürchtet, der einzige Grund, weshalb man sich im Falle Washingtons daran erinnert und es bei den anderen vergessen hat, liegt darin, daß sich die Vorhersage bei ihm erfüllte und bei den anderen nicht. Es gibt nicht genügend Bücher auf der Welt, um die Prophezeiungen zu fassen, die Indianer und andere Unbefugte gemacht haben; aber den Bericht aller Prophezeiungen, die in Erfüllung gegangen sind, kann ein Mensch in den Manteltaschen mit sich herumtragen.

Nebenbei möchte ich hier bemerken, daß gewisse meiner Vorfahren in der Geschichte unter ihrem falschen Namen so gründlich bekannt sind, daß ich glaube, es lohnt sich nicht, bei ihnen zu verweilen oder sie der Reihenfolge ihrer Geburt nach zu nennen. Unter ihnen wären zu erwähnen: Richard Brinsley Twain alias Guy Fawkes, John Wentworth Twain alias Sixteen-String Jack, William Hogarth Twain alias Jack Sheppard, Ananias Twain alias Baron von Münchhausen, John George Twain alias Captain Kidd; dann sind da noch George Francis Twain, Tom Pepper, Nebukadnezar und Bileams Eselin – die gehören alle zu unserer Familie, aber zu einem Zweig, der sich von der ehrbaren direkten Linie ein bißchen enfernt hat, zu einer Seitenlinie also, deren Mitglieder sich vom alten Stamm hauptsächlich dadurch unterscheiden, daß sie, um jene Berühmtheit zu erlangen, nach der wir immer getrachtet haben, sich die erbärmliche Gewohnheit zu eigen machten, ins Gefängnis zu wandern, statt sich hängen zu lassen.

Es ist nicht gut, wenn man seine Autobiographie schreibt, die Ahnenreihe zu nahe an die eigene Zeit heran zu verfolgen – das Sicherste ist, von seinem Urgroßvater nur verschwommen zu reden und von da einen Sprung zu sich selbst zu machen, was ich nun tue.

Ich kam ohne Zähne zur Welt – damit war Richard III. besser dran als ich; aber ich kam ebenso ohne Buckel zur Welt, und darin war ich besser dran als er. Meine Eltern waren weder sehr arm noch auffallend ehrlich.

Aber jetzt kommt mir ein Gedanke. Meine eigene Lebensgeschichte würde sich gegen die meiner Vorfahren so zahm ausnehmen, daß es nur klug ist, sie ungeschrieben zu lassen, bis ich gehängt werde. Wenn einige andere Biographien, die ich gelesen habe, bei den Vorfahren stehengeblieben wären, bis sich etwas Ähnliches ereignet hätte, wäre das für das Leserpublikum eine treffliche Sache gewesen. Was halten Sie davon?

DER BERÜHMTE SPRINGFROSCH VON CALAVERAS

Der Bitte eines Freundes entsprechend, der mir aus dem Osten geschrieben hatte, suchte ich den gutmütigen, geschwätzigen alten Simon Wheeler auf und erkundigte mich, wie ich gebeten worden war, nach meines Freundes Freund *Leonidas W.* Smiley und lege im folgenden das Ergebnis dar. Ich hege den leisen Verdacht, daß *Leonidas W.* Smiley eine Erfindung ist, daß mein Freund einen solchen nie gekannt hat und nur vermutete, daß, wenn ich den alten Wheeler nach ihm frage, ihm nur sein berüchtigter *Jim* Smiley einfallen würde und er sich dann ins Zeug legen und mich zu Tode langweilen würde mit irgendeiner zermürbenden Erzählung über ihn, die ebenso weitschweifig und ermüdend wie nutzlos für mich wäre. Wenn das die Absicht war, so hat er sie erreicht.

In der alten baufälligen Kneipe der ehemaligen Goldgräbersiedlung Angel's Camp fand ich Simon Wheeler am Ofen des Schankraums in behaglichem Halbschlummer, und ich bemerkte, daß er dick und kahlköpfig war und auf dem ruhigen Gesicht den Ausdruck gewinnender Güte und Einfalt trug. Er wachte auf und sagte mir guten Tag. Ich erzählte ihm, einer meiner Freunde habe mich beauftragt, Ermittlungen über einen teuren Jugendgefährten namens *Leonidas W.* Smiley – *Ehrwürden Leonidas W.* Smiley, einen jungen Geistlichen, anzustellen, der, wie er gehört hatte, einmal in Angel's Camp wohnhaft gewesen war. Ich fügte hinzu, daß ich Mr. Wheeler zu großem Dank verpflichtet wäre, wenn er mir etwas über diesen Ehrwürden Leonidas W. Smiley sagen könnte.

Simon Wheeler drückte mich rückwärts in eine Ecke und blockierte mich dort mit seinem Stuhl, setzte sich dann hin und haspelte den monotonen Bericht herunter, der diesem Abschnitt folgt. Dabei lächelte er nie, runzelte nie die Stirn, seine Stimme änderte nie den ruhig dahinfließenden Tonfall, in dem er den ersten Satz angestimmt hatte, er verriet nie den geringsten Anflug von Begeisterung; aber den ganzen nicht enden wollenden Bericht hindurch spürte man Aufrichtigkeit und einen ergreifenden Ernst, was mir deutlich machte, daß er, weit von der Vorstellung entfernt, irgend etwas an seiner Geschichte könnte lächerlich oder komisch sein, sie für wirklich wichtig hielt und seine beiden Helden als Männer von wahrhaft überragender und genialer Raffinesse bewunderte. Für mich war das Schauspiel, wie ein Mann gelassen solch ein fragwürdiges Garn abspann ohne jemals zu lächeln, ausgesprochen absurd. Wie ich schon sagte, bat ich ihn, mir zu erzählen, was er von Ehrwürden Leonidas W. Smiley wisse, und er antwortete mir wie folgt. Ich ließ ihn auf seine Art erzählen und unterbrach ihn nicht ein einziges Mal.

„Wir hatten hier mal einen Burschen namens *Jim* Smiley, im Winter neunundvierzig, oder vielleicht war's im Frühjahr fünfzig – ich kann mich irgendwie nicht genau erinnern, doch war's, glaub ich, neunundvierzig oder fünfzig, denn ich besinne mich darauf, daß der große Kanal noch nicht fertig war, als der Bursche zum erstenmal im Camp auftauchte. Aber wie dem auch sei, das war der merkwürdigste Kerl in der Gegend, da er ständig auf irgend etwas, das ihm gerade über den Weg lief, eine Wette abschloß, wenn er jemand finden konnte, der dagegenhielt; und wenn er keinen fand, wechselte er die Seite. Was immer dem anderen recht war, war ihm recht – wenn er nur zu einer Wette kam, ganz gleich wie, war er zufrieden. Aber trotzdem hatte er Glück, ungewöhnlich viel Glück; fast immer blieb er der Gewinner. Ständig war er bereit und lauerte auf eine Gelegenheit; man konnte nicht eine einzige Sache in den Mund nehmen, ohne daß der Bursche anbot, darauf zu wetten und die Seite zu vertreten, die einem grad recht war, wie ich Ihnen eben gesagt hab. Wenn ein Pferderennen stattfand, schwamm er am Ende in Geld, oder er war pleite; gab's einen Hundekampf, wettete er; gab's einen Katzenkampf, wettete er; gab's einen Hahnenkampf, wettete er; na, wenn da zwei Vögel auf einem Zaun saßen, wettete er, welcher zuerst auffliegen würde; oder wenn im Freien Gottesdienst gehalten wurde, war er regelmäßig dabei, um auf Pfarrer Walker zu setzen, den er für den besten Bußprediger im Umkreis hielt, und das war er auch – ein guter Mann. Sogar wenn er einen langstelzigen Käfer sah, der sich irgendwohin auf den Weg machte, schloß er eine Wette ab, wie lange der wohl bis dahin brauchen würde, wo er hin wollte, und wenn man auf die Wette einging, lief er dem Käfer nach bis Mexiko, nur um herauszubekommen, wohin er wollte und wieviel Zeit er für den Weg brauchte. Eine Menge von den Jungs hier haben diesen Smiley gekannt und können Ihnen von ihm erzählen. Wirklich, ihm hat das nichts ausgemacht – der hat auf alles gewettet, der verrückte Kerl. Einmal lag Pfarrer Walkers Frau längere Zeit schwerkrank danieder, und es sah schon so aus, als wäre sie nicht mehr zu retten; aber eines Morgens kam der Pfarrer herein, und Smiley ging auf ihn zu und erkundigte sich nach ihrem Befinden, und der Mann sagte, es ginge ihr wesentlich besser – Dank dem Herrn für seine unendliche Gnade – und sie erhole sich so gut, daß sie mit Hilfe der Vorsehung noch einmal gesund würde; und Smiley sagte: ‚Na, jedenfalls wett' ich zweieinhalb Dollar, daß sie nicht wieder auf die Beine kommt.'

Dieser Smiley hatte einen Gaul – die Jungs nannten ihn den Viertelstundenklepper, aber das war nur ein Spaß, müssen Sie wissen, denn natürlich war er schneller – und er gewann fortwährend auf den Gaul, obwohl der so langsam war und ständig Asthma hatte oder die Staupe oder die Schwindsucht oder sonst was Ähnliches. Er bekam gewöhnlich zwei- oder dreihundert Yard Vorgabe und wurde dann überholt; aber immer gegen Ende des Rennens, da packte es ihn und er wurde verwegen und kam angestrampelt, die Beine gespreizt und gelenkig in alle Richtungen geworfen, manchmal in die Luft und manchmal nach einer Seite zwischen die Zaunstaketen, und er wirbelte immer mehr Staub auf und machte immer mehr Spektakel mit seinem Husten und Niesen und Naseschnauben – und kam am Ziel immer gerade eine Nasenlänge voraus an, so knapp, daß man es kaum feststellen konnte.

Und er hatte eine kleine, kurzbeinige junge Bulldogge, wenn man die ansah, schien sie einem keinen Cent wert, höchstens dazu da, herumzusitzen und gemein auszusehen und auf der Lauer zu liegen, um was zu stehlen. Aber sobald man Geld auf sie setzte, wurde sie ein anderer Hund; der Unterkiefer schob sich vor wie das Vorderdeck von'nem Dampfer, und die Zähne entblößten sich und flackerten wild auf wie die Kesselfeuer. Und ein Hund konnte ihn anfahren und ihm zusetzen, ihn beißen und zwei-, dreimal über die Schulter werfen, und Andrew Jackson – so hieß der junge Köter nämlich –, Andrew Jackson tat immer nur so, als ließe er sich alles gefallen und habe nichts anderes erwartet, und die Einsätze auf den Gegner wurden dauernd verdoppelt und verdoppelt, bis alles Geld angelegt war; und nun plötzlich packte er den anderen Hund genau am Hintergelenk und biß sich fest – nicht tief, verstehen Sie, er schnappte nur zu und hängte sich daran, bis sie das Handtuch warfen, und wenn's ein Jahr dauerte. Smiley hat mit dem Köter jede Wette gewonnen, bis er sich einmal einen Hund vorknöpfte, der keine Hinterbeine mehr hatte, weil er damit in die Kreissäge geraten war. Und als die Sache lange genug gedauert hatte und alles Geld gesetzt war und der Köter jetzt nach seinem Lieblingshalt schnappen wollte, da merkte er sofort, wie man ihn hereingelegt hatte und wie ihn der andere Hund sozusagen in der Tasche hatte, und er schien überrascht, und dann sah er irgendwie entmutigt aus und machte keinen Versuch mehr, den Kampf zu gewinnen, und so mußte er übel zugerichtet das Feld verlassen. Er warf Smiley einen Blick zu, als wollte er sagen, sein Herz sei gebrochen und es sei Smileys Schuld, weil er ihm einen Hund vorgesetzt hatte, der keine Hinterbeine hatte, an denen man sich festhängen konnte, worauf er sich doch beim Kampf hauptsächlich verließ, und so hinkte er dann ein Stückchen zur Seite, legte sich nieder und starb.

Es war ein guter Köter, dieser Andrew Jackson, und

er hätte sich einen Namen gemacht, wenn er am Leben geblieben wäre, denn er hatte das Zeug dazu, und er war begabt – ich weiß das, denn er hatte ja keine Gelegenheiten, die der Rede wert waren, und es ist durchaus nicht selbstverständlich, daß ein Hund unter diesen Umständen einen solchen Kampf liefert, wenn er kein Talent hat. Es macht mich immer ganz traurig, wenn ich an seinen letzten Kampf denke und an das Ende, das er nahm.

Also, dieser Smiley hatte Rattenterrier und Kampfhähne und Kater und alles mögliche, das man gar nicht aufzählen kann, und man konnte ihm auf nichts eine Wette anbieten, die er nicht annahm. Eines Tages fing er einen Frosch, nahm ihn mit nach Hause und sagte, er habe vor, ihn zu trainieren; und so tat er drei Monate nichts anderes, als sich in den Garten zu setzen und dem Frosch das Springen beizubringen. Und sie können sich darauf verlassen, er brachte es ihm bei. Er gab ihm hinten einen kleinen Schubs, und im nächsten Augenblick sah man den Frosch wie'nen Pfannkuchen durch die Luft wirbeln – einen Salto schlagen oder auch zwei, wenn er gut abgekommen war, und unversehrt plattfüßig wieder herunterkommen wie ein Katze. Er dressierte ihn ebenso zum Fliegenfangen und hielt ihn ständig in Übung, so daß er jede Fliege erwischte, so weit er sehen konnte. Smiley sagte, ein Frosch brauche nur die richtige Ausbildung, dann bringe er fast alles fertig – und das glaub ich ihm. Na, ich hab erlebt, wie er Daniel Webster hier auf den Fußboden setzte – Daniel Webster, so hieß der Frosch – und dann rief: „Fliegen, Daniel, Fliegen!“, und bevor man richtig gucken konnte, sprang der senkrecht hoch, schnappte eine Fliege von der Theke dort, plumpste wieder auf den Boden wie ein solider Dreckklumpen und fing an, sich so gleichgültig mit dem Hinterbein am Kopf zu kratzen, als habe er keine Ahnung, daß er etwas gemacht hatte, was nicht jeder Frosch kann. Sie haben noch nie einen Frosch gesehen, der trotz seiner Begabung so bescheiden und schlicht war. Und wenn's zum offenen und ehrlichen Weitsprung kam, da brachte er mit einem Satz mehr Boden hinter sich als jedes andere Tier seiner Art, das man kennt. Weitsprung war seine Stärke, müssen Sie wissen; und wenn's dazu kam, setzte Smiley so lange auf ihn, wie er noch einen roten Heller besaß. Smiley war ungeheuer stolz auf den Frosch, und er hatte auch Grund dazu, denn Leute, die weit herumkommen und überall gewesen waren, sagten alle, er steche jeden Frosch aus, den sie jemals gesehen hätten.

Nun, Smiley hielt das Viech in einer kleinen Kiste mit Gitter, und er nahm's manchmal mit in die Stadt und schloß eine Wette darauf ab. Eines Tages hatte er seine Kiste mit, und ein Kerl begegnete ihm – er war fremd im Camp – und sagte: ‚Was mögen Sie da wohl in der Kiste haben?'

Und Smiley antwortete, als wäre es ihm gleichgültig: ‚Vielleicht einen Papagei oder vielleicht einen Kanarienvogel, könnte sein, stimmt aber nicht – 's ist nur 'n Frosch.'

Und der Kerl nahm ihn, sah ihn sich genau an, drehte ihn so herum und anders und sagte dann: ‚Hm – stimmt. Na und wozu ist der gut?'

‚Na', sagte Smiley so leichthin und lässig, ‚der ist zu *einem* gut, sollte ich meinen – der springt weiter als jeder andere Frosch von Calaveras County.'

Noch einmal nahm der Kerl die Kiste und guckte sich den Frosch wieder lange und gründlich an, gab ihn Smiley zurück und sagte, sehr bedächtig: ‚Also, ich finde nichts an dem Frosch, daß er besser wär als andere.‘

‚Vielleicht nicht‘, sagte Smiley. ‚Vielleicht verstehn Sie was von Fröschen, vielleicht sind Sie aber sozusagen nur ein Laie. Jedenfalls hab ich meine Meinung, und ich wette vierzig Dollar, daß er weiter springt als jeder andere Frosch von Calaveras County.‘

Und der Kerl überlegte eine Minute und sagt dann fast traurig: ‚Nun, ich bin hier nur'n Fremder, und ich hab keinen Frosch; aber wenn ich einen hätte, würde ich die Wette annehmen.‘

Und Smiley sagte darauf: ‚Schon recht – schon recht – wenn sie die Kiste eine Minute halten wollen, geh ich Ihnen einen Frosch holen.‘ Und so nahm der Kerl die Kiste, legte seine vierzig Dollar neben Smileys und setzte sich hin, um zu warten.

Eine ganze Weile saß er so da, überlegte und überlegte, und dann nahm er den Frosch heraus, sperrte ihm das Maul auf, nahm einen Teelöffel und füllte den Frosch mit Schrotkugeln – stopfte ihn fast bis zum Kinn voll – und setzte ihn auf die Erde.

Smiley ging unterdessen zu einem Sumpf, stapfte dort lange Zeit im Morast herum und fing schließlich einen Frosch; er brachte ihn, gab ihn diesem Kerl und sagte: ‚Also, wenn Sie soweit sind, setzen Sie ihn neben Daniel, die Vorderbeine auf einer Linie mit Daniels, und dann geb ich das Zeichen.‘

Dann sagte er: ‚Eins-zwei-drei-los!‘, und er und der Kerl stupsten die Frösche von hinten, und der neue

Frosch hüpfte los, aber Daniel hievte an und zog die Schultern hoch – so, wie ein Franzose –, aber es hatte keinen Zweck, er kam nicht vom Fleck; er saß so fest am Boden wie ein Amboß, und er konnte sich nicht bewegen, als wäre er verankert. Smiley war reichlich erstaunt und ärgerte sich auch mächtig, aber er hatte natürlich keine Ahnung, was los war.

Der Kerl nahm das Geld und schob ab, und als er zur Tür hinausging, wies er mit dem Daumen über die Schulter – so hier – auf Daniel und sagte wieder sehr bedächtig: ‚Also, ich finde nichts an dem Frosch, daß er besser wär als andere.'

Smiley stand da und kratzte sich den Kopf, blickte lange zu Daniel hinunter und sagte schließlich: ‚Ich möcht wissen, warum in aller Welt der Frosch aufgesteckt hat – ich möcht wissen, ob nicht irgendwas mit ihm los ist – irgendwie sieht er, scheint's, mächtig geschwollen aus.' Und er packte Daniel beim Genick, hob ihn hoch und sagte: ‚Na, nu brat mir einer 'nen Storch, wenn der nicht fünf Pfund wiegt!', und er stellte ihn auf den Kopf, und der Frosch spuckte zwei Handvoll Schrotkugeln aus. Da merkte er, was los war, und wurde fast verrückt. Er setzte den Frosch wieder hin und rannte hinter dem Kerl her, aber er holte ihn nicht mehr ein. Und..."

Hier hörte Simon Wheeler aus dem Vorgarten seinen Namen rufen und stand auf, um nachzusehen, was man von ihm wolle. Als er wegging, wandte er sich zu mir um und sagte: „Bleiben Sie ruhig dort sitzen, wo Sie sind, Fremder, und machen Sie sich's bequem – ich bin keine Minute weg."

Doch bitte, ich glaubte nicht, daß die Fortsetzung der Geschichte des unternehmungslustigen Strolches Jim

Smiley Wesentliches über *Ehrwürden Leonidas W. Smiley* zutage fördern würde, und so machte ich mich auf die Socken.

An der Tür begegnete mir der redselige Wheeler, der zurückkam, und er hielt mich beim Knopf fest und begann von neuem: „Nun, dieser Smiley hatte eine gelbe, einäugige Kuh, die keinen Schwanz hatte, nur einen kurzen Stummel wie eine Banane, und ..."

„Oh! Zum Teufel mit Smiley und seiner elenden Kuh!" murmelte ich gutmütig, verabschiedete mich von dem alten Herrn und ging.

WIE ICH SEKRETÄR WAR

Ich bin jetzt nicht mehr Privatsekretär eines Senators. Sorglos und in bester Laune hielt ich die Koje zwei Monate lang besetzt, doch dann begann mein Brot über das Wasser zurückzukehren – das heißt, meine Werke zahlten sich aus und offenbarten sich. Ich hielt es für das beste, abzudanken. Das spielte sich folgendermaßen ab.

Eines Morgens ließ mich mein Arbeitgeber ziemlich früh zu sich rufen, und sobald ich damit fertig war, heimlich einige Scherzrätsel in seine letzte große Rede über Finanzfragen einzuflechten, meldete ich mich bei ihm. In seinem Aussehen lag etwas Unheilverkündendes. Die Krawatte war nicht gebunden, das Haar war in Unordnung, und das Gesicht verriet Anzeichen eines unterdrückten Gewitters. Er hielt ein Bündel Briefe in der geballten Faust, und ich wußte, daß die gefürchtete Pazifikpost herein war. Er sagte:

„Ich habe gedacht, Sie wären vertrauenswürdig."

Ich sagte: „Jawohl, Sir."

Er sagte: „Ich habe Ihnen einen Brief von einigen meiner Wähler aus dem Staate Nevada gegeben, die die Einrichtung eines Postamts in Baldwin's Ranch forderten, und Ihnen aufgetragen, den Brief so erfinderisch zu beantworten, wie Sie nur können, mit Argumenten, die sie überzeugen sollten, daß an dem Ort ein Postamt wirklich nicht nötig wäre."

Mir wurde leichter. „Oh, wenn es nur das ist, das *habe* ich besorgt."

„Ja, das haben Sie. Ich werde Ihnen Ihre Antwort zu Ihrer eigenen Beschämung vorlesen:

Washington, den 24. November

Herren
Smith, Jones und andere

Meine Herren!

Was zum Kuckuck bilden Sie sich denn ein, wozu Sie in Baldwin's Ranch ein Postamt brauchen? Es würde Ihnen überhaupt nichts nützen. Wenn irgendwelche Briefe dorthin gelangten, dann könnten Sie sie nicht lesen, wie Sie wissen; und außerdem, wenn Briefe kämen, die weitergehen sollten nach anderen Orten, und es wäre Geld drin, so würden sie wahrscheinlich nicht weitergehen, wie Sie zugleich einsehen werden; und das würde uns allen nur Scherereien machen. Nein, bringen Sie sich nicht um wegen eines Postamts für Ihr Camp. Mir liegen Ihre wahren Interessen am Herzen, und ich glaube, das wäre nur ein Mumpitz zur Verzierung. Was Ihnen fehlt, ist ein nettes Gefängnis, wissen Sie – ein nettes, solides Gefängnis und eine Schule zum unentgeltlichen Besuch. Das wäre ein dauernder Segen für Sie. Das würde Sie wirklich zufrieden und glücklich machen. Ich werde das sofort beantragen.

Ihr sehr ergebener etc.

Mark Twain

Für James W.N. – – –, Senator der Vereinigten Staaten

Auf diese Weise haben Sie den Brief beantwortet. Die Leute sagen, sie hängen mich, wenn ich mich jemals wieder in ihrem Bezirk erblicken lasse; und ich weiß genau, das machen sie auch."

„Aber Sir, ich habe mir nicht gedacht, daß ich etwas Schlimmes tue. Ich wollte sie nur überzeugen."

„Aha. Na, Sie *haben* sie überzeugt, daran zweifle ich nicht im geringsten. Hier ist nun ein weiteres Beispiel. Ich habe Ihnen ein Gesuch einiger Herren aus Nevada gegeben, die darum bitten, daß ich im Kongreß eine Gesetzesvorlage durchbringe, die die Methodistische Episkopalkirche des Staates Nevada als Körperschaft anerkennt. Ich habe Ihnen gesagt, Sie sollten als Antwort schreiben, daß solch ein Gesetz zu verabschieden eher Sache der Gesetzgebung des betreffenden Bundesstaates sei, und Sie sollten sich bemühen, ihnen begreiflich zu machen, daß bei der augenblicklichen Schwäche der religiösen Kräfte jenes jungen Gemeinwesens die Notwendigkeit, die Kirche als Körperschaft anzuerkennen, doch fragwürdig sei. Was haben Sie geschrieben?

Washington, den 24. November

Hochwürden John Halifax
und andere

Meine Herren!

Mit dem, worauf Sie da spekulieren, werden Sie sich schon an die Gesetzgebung Ihres Staates wenden müssen – der Kongreß hat keine Ahnung von Religion. Sie brauchen sich aber damit auch nicht zu beeilen, denn die Sache, die Sie vorschlagen, da draußen in dem neuen

Lande durchzuführen, ist nicht angebracht, wirklich, sie ist lächerlich. Ihr religiösen Leute dort seid zu schwach, was Verstand, Moral und Frömmigkeit betrifft – in allem so ziemlich. Lassen Sie mal lieber die Finger davon. Sie bringen es nicht zustande, daß das funktioniert. Auf so eine inkorporierte Gesellschaft können Sie keine Aktien ausgeben – und wenn schon, das würde Ihnen nur die ganze Zeit über Kopfschmerzen bereiten. Die anderen Sekten würden sie begeifern, sie ‚drücken' und durch ungedeckten Verkauf unterbieten und ruinieren. Sie würden mit ihr genauso verfahren wie mit einer Eurer Silberminen da draußen, sie würden versuchen, aller Welt weiszumachen, es sei ein Schwindelunternehmen. Sie sollten nichts anpacken, was darauf abzielt, eine heilige Sache in Verruf zu bringen. Sie sollten sich was schämen – das ist meine Meinung dazu. Sie schließen Ihr Gesuch mit den Worten: ‚Und ständig wollen wir beten.' Das sollten Sie lieber tun, glaube ich – Sie haben es nötig.

Ihr sehr ergebener etc.

Mark Twain

Für James W.N. – – –, Senator der Vereinigten Staaten

Diese leuchtende Epistel hat unter meiner Wählerschaft mit der Unterstützung von religiöser Seite Schluß gemacht. Um aber mit meinem politischen Mord ganz sicherzugehen, verleitete mich ein unheilvoller Drang dazu, Ihnen die Denkschrift der gewichtigen Gesellschaft von Senioren, die den Stadtrat von San Francisco bilden, auszuhändigen, damit Sie sich daran versuchen –

eine Denkschrift, in der ersucht wird, die Rechte der Stadt auf die Wassergrundstücke auf der Stadtseite durch ein Gesetz des Kongresses zu sichern. Ich habe Ihnen gesagt, das zu beantragen, sei gefährlich. Ich habe Ihnen gesagt, sie sollten den Stadträten einen Brief schreiben, in dem wir uns nicht festlegen, einen undurchsichtigen Brief, einen Brief, der soweit wie nur möglich jede ernsthafte Betrachtung und Erörterung der Wassergrundstücksfrage vermeidet. Wenn in Ihnen noch ein Rest von Empfindung und Schamgefühl steckt, dann sollte es der Brief, den Sie in Ausführung meines Auftrages verfaßten, erwecken, wenn sein Wortlaut Ihnen jetzt zu Ohren kommt.

Washington, den 27. November

An den
hochgeschätzten Stadtrat etc.

Meine Herren!

George Washington, der verehrte Vater des Landes, ist tot. Seine lange, glänzende Laufbahn ist beendet, ach, für immer. Er starb am 14. Dezember 1799. In Frieden schied er vom Schauplatz seiner Ehren und großen Leistungen, der meistbeklagte Held und heißestgeliebte, den die Welt je dem Tode übergab. Zu solcher Zeit reden *Sie* von Wassergrundstücken! – wer könnte ihm das Wasser reichen!

Was ist Ruhm! Ruhm ist Zufall! Sir Isaac Newton entdeckte einen Apfel, der vom Baum fiel – eine armselige Entdeckung, eine, die schon Millionen vor ihm gemacht hatten – aber seine Eltern besaßen großen Einfluß, und so haben sie aus diesem kleinen Vorfall etwas Wunderbares herausgequält, und siehe da, die einfältige Welt nahm den Ruf auf, und im Handumdrehen war der Mann berühmt. Bewahren Sie das im Gedächtnis.

Poesie, süße Poesie, was die Welt dir verdankt, ahnt sie nie!

Maria hatt' ein kleines Lamm, sein Fell war weiß wie Schnee.

Wohin Maria immer ging, das Lamm blieb in der Näh'.

Hänschen klein ging allein
in die weite Welt hinein;
Ziege Meck wirft ihn in Dreck
bums, da war die Nase weg.

Wegen ihrer Einfachheit, anmutigen Diktion und Freiheit von unmoralischen Tendenzen halte ich diese beiden Gedichte für Perlen. Sie sind allen Intelligenzstufen angepaßt, jedem Bereich des Lebens – ländlichen Gefilden, der Kinderstube, den Gilden. Es sollte besonders kein Stadtrat ohne sie existieren.

Ehrwürdige Fossilien, schreiben Sie wieder! Nichts bildet so sehr wie ein freundschaftlicher Briefwechsel. Schreiben Sie wieder – und wenn in Ihrer Denkschrift irgend etwas steht, das sich auf etwas Bestimmtes bezieht, so halten Sie nicht zurück, das zu erläutern. Es wird uns immer eine Freude sein, Sie piepsen zu hören.

Ihr sehr ergebener etc.

Mark Twain

Das ist ein abscheuliches, verderbliches Sendschreiben! Wahnsinn!"

„Nun Sir, es tut mir wirklich leid, wenn irgend etwas falsch daran ist, aber – aber es scheint mir der Wassergrundstücksfrage auszuweichen."

„Zum Teufel, auszuweichen! Oh! – aber schon gut. Da die Vernichtung nicht mehr aufzuhalten ist, soll sie auch vollständig sein. Soll sie vollständig sein – soll dieses letzte Ihrer Werke endgültig den Schlußstrich ziehen. Ich bin ruiniert. Ich ahnte nichts Gutes, als ich Ihnen den Brief aus Humboldt gab, in dem gebeten wird, daß die Postroute von Indian Gulch nach Shakespeare Gap und anderen dazwischenliegenden Orten geändert und teilweise dem alten Mormonenweg folgen soll. Aber ich habe Ihnen gesagt, das sei eine heikle Frage, und Sie ermahnt, sie ganz geschickt zu behandeln, eine unerfindliche Antwort zu geben und die Absender ein bißchen im Dunkeln zu lassen. Und Ihre verhängnisvolle Geistesschwäche trieb Sie dazu, diese verderbenbringende Antwort aufzusetzen. Ich sollte meinen, Sie müßten sich die Ohren zustopfen, wenn Sie nicht bar jeden Schamgefühls wären.

Washington, den 30. November

Herren
Perkins, Wagner und andere

Meine Herren!

Mit dem Indianerpfad, das ist eine heikle Angelegenheit, doch wenn man mit dem nötigen Geschick und der nötigen Unerfindlichkeit vorgeht, wird es, daran zweifle ich nicht, schon gewissermaßen sozusagen klappen, weil dort, wo die Postroute die Lassen Meadows verläßt, gegenüber der Stelle, wo im vergangenen Winter die beiden Shawnee-Häuptlinge Verfallene Rache und Beißer der Wolken skalpiert wurden, da dieser Weg einigen lieber ist, andere hingegen den Dingen zufolge etwas anderes vorziehen, verläßt doch der Mormonenweg Mosbey um drei Uhr früh und verläuft durch Jawbone Flat bis Blucher und dann bei Jug-Handle hinunter, wobei sich die Straße rechts davon hinzieht und natürlich auch rechts liegenbleibt, und Dawson befindet sich links des Weges, wo er links von besagtem Dawson verläuft und weiter von da bis Tomahawk, was die Route billiger macht und allen leichter zugänglich, die herankönnen, und wobei alle Ziele, die sich andere erreichbar wünschen, umgangen werden und dadurch der größten Anzahl das größte Glück zuteil wird und ich mich demzufolge in meiner Hoffnung bestärkt fühle, daß es so kommt. Ich werde mich allerdings jederzeit bereit halten und freuen, Ihnen von Zeit zu Zeit weitere Informationen in dieser Sache zukommen zu lassen, soweit Sie es wünschen und das Postministerium in der Lage ist, sie mir zu erteilen.

Ihr sehr ergebener

Mark Twain

Für James W.N. – – –, Senator der Vereinigten Staaten

So – na, was halten Sie davon?"

„Na, ich weiß nicht, Sir. Es... nun, mir scheint... das ist unerfindlich genug."

„Uner... verlassen Sie das Haus! Ich bin ruiniert. Jene Wilden aus Humboldt werden mir nie vergeben, daß ich mit diesem unmenschlichen Brief ihren Verstand durcheinandergebracht habe. Die Achtung der Methodistischen Kirche habe ich verloren, des Stadtrates..."

„Nun, dazu kann ich nicht viel sagen, denn in ihrem Falle mag ich ein wenig danebengeschossen haben, aber für die Leute von Baldwin's Ranch war ich ein zu harter Brocken, Herr General!"

„Verlassen Sie das Haus! Und verlassen Sie es für immer und ewig!"

Das betrachtete ich als eine versteckte Andeutung, daß man meines Dienstes nicht mehr bedurfte, und so dankte ich ab. Nie wieder werde ich Privatsekretär eines Senators. Leuten dieser Art kann man es nicht recht machen. Die haben keine Ahnung. Die Leistungen von unsereins können sie gar nicht würdigen.

MEINE KANDIDATUR ALS GOUVERNEUR

Vor ein paar Monaten wurde ich für die Gouverneurswahlen in dem großen Staate New York nominiert, um gegen Mr. Stewart L. Woodford und Mr. John T. Hoffman für eine unabhängige Wählerschaft zu kandidieren. Irgendwie spürte ich, daß ich diesen Gentlemen gegenüber einen klaren Vorteil besaß – meinen guten Ruf. Wenn sie einmal erlebt hatten, was es bedeutet, einen guten Namen zu besitzen, so war diese Zeit vorbei, soviel war der Presse leicht zu entnehmen. Es war offensichtlich, daß sie in den letzten Jahren Bekanntschaft mit schändlichen Verbrechen aller Art gemacht hatten. Doch zur gleichen Zeit, da ich meinen Vorteil pries und mich heimlich über ihn freute, trübte eine schlammige Unterströmung die Tiefen meines Glücks, und zwar – weil ich meinen Namen in trauter Gemeinschaft mit dem solcher Leute verbreitet sehen mußte. Ich wurde immer unruhiger. Schließlich schrieb ich meiner Großmutter. Ihre Antwort kam prompt und war scharf. Sie lautete:

„In Deinem ganzen Leben hast Du nie etwas getan, dessen Du Dich schämen mußt – nicht das Geringste. Schau in die Zeitungen, schau hinein, und Du begreifst, was für Menschen die Herren Woodford und Hoffman sind, und dann überlege Dir, ob Du Dich erniedrigen, Dich mit ihnen auf eine Stufe stellen und in einen öffentlichen Wahlkampf einlassen willst."

Genau, was ich dachte! Diese Nacht drückte ich kein Auge zu. Aber schließlich konnte ich nicht zurücktreten. Ich war gebunden und mußte weiterfechten. Als ich beim Frühstück so nebenbei in den Zeitungen blätterte, stieß ich auf den folgenden Artikel, und ich kann wahrlich sagen, ich bin noch nie so verdattert gewesen wie damals:

„*Meineid.* – Vielleicht wird sich Mr. Mark Twain nun, wo er als Gouverneurskandidat vor die Öffentlichkeit tritt, herablassen und einmal erklären, wie es kam, daß er im Jahre 1863 in Wakawak, Cochin China, von vierunddreißig Zeugen des Meineids überführt wurde, mit dessen Hilfe er eine arme Eingeborenenwitwe und ihre hilflose Familie eines kärglichen Pisangfleckens zu berauben beabsichtigte, ihres einzigen Halts und Erwerbs in ihrem schmerzlichen Verlust und ihrer Verlassenheit. Sich selbst wie auch dem großen Volk, dessen Wahlstimmen er verlangt, ist es Mr. Twain schuldig, diese Angelegenheit aufzuklären. Wird er es tun?"

Ich dachte, mich rührt der Schlag. So eine grausame, niederträchtige Beschuldigung. In Cochin China bin ich *nie gewesen*! Von Wakawak hatte ich noch nie etwas *gehört*. Ich konnte einen Pisangflecken von keinem Känguruh unterscheiden. Ich wußte nicht, was ich machen sollte. Ich war zerrüttet und hilflos. Am nächsten Morgen brachte die Zeitung das Folgende – weiter nichts:

„*Wichtig.* – Mr. Twain schweigt, wie man sieht, bezeichnenderweise still über den Meineid von Cochin China."

(Merke: Während des weiteren Wahlkampfes bezeichnete mich dieses Blatt nie anders als den „schamlosen Meineidigen Twain".)

Als nächstes kam die „Gazette“ mit diesem Beitrag:

„Erklärung erbeten. – Will sich der neue Gouverneurskandidat herablassen und gewissen Mitbürgern (die darauf brennen, ihn zu wählen) die geringfügige Angelegenheit erläutern, wie seine Hüttengenossen in Montana von Zeit zu Zeit kleine Wertgegenstände verloren, bis sie sich schließlich gezwungen sahen, da diese Sachen ständig bei Mr. Twain oder in seinem ‚Reisekoffer‘ (eine Zeitung, in die er seine Siebensachen packte) gefunden wurden, ihm zu seinem Besten eine freundliche Warnung zu geben und ihn deshalb teerten und federten, auf dem Schinderkarren herumfuhren und ihm dann den guten Rat erteilten, auf dem Platz, den er gewöhnlich im Camp einnahm, ein ständiges Vakuum zu hinterlassen. Will er sich dazu herablassen?“

Kann es etwas vorsätzlich Böswilligeres geben als das? Denn ich bin mein Lebtag nie in Montana gewesen.

(Danach sprach dieses Blatt immer von mir als dem „Dieb von Montana“.)

Ich bekam Angst, eine Zeitung in die Finger zu nehmen – wie einer, der eine Bettdecke hochheben will, unter der er aber eine Klapperschlange vermutet. Eines Tages fiel mir folgendes in die Augen:

„Lügen haben kurze Beine! – Die eidlichen Zeugenaussagen des Michael O’Flanagan, Esq., wohnhaft in Five Points, und von Mr. Kit Burns und Mr. John Allen, wohnhaft in Water Street, haben erwiesen, daß Mr. Mark Twains gemeine Behauptung, der verstorbene Großvater unseres edlen Bannerträgers John T. Hoffman sei wegen Straßenraubs gehängt worden, eine brutale und haltlose Lüge ist, die sich auch nicht im

geringsten auf Tatsachen gründet. Für rechtschaffene Menschen ist es niederschlagend, sehen zu müssen, wie man um des politischen Erfolges willen zu so schmachvollen Mitteln greift und die Toten in Ihren Gräbern beschimpft und ihre ehrbaren Namen durch üble Nachrede besudelt. Wenn wir daran denken, wie weh diese elende Lüge den unschuldigen Verwandten und Freunden des Verstorbenen tun muß, so treibt uns das fast dazu, die beleidigte und empörte Öffentlichkeit zur kurz entschlossenen ungesetzlichen Rache an dem Verleumder aufzurufen. Aber nein! Wir wollen ihn der Pein eines marternden Gewissens überlassen (wenn jedoch der Zorn die Öffentlichkeit übermannt und sie in ihrer blinden Wut dem Verleumder eine Körperbeschädigung zufügen sollte, so ist es nur zu offensichtlich, daß die Täter kein Geschworenengericht schuldig sprechen und kein Richter bestrafen kann)."

Der sinnreiche Schlußsatz hatte den Erfolg, daß er mich an dem Abend schleunigst aus dem Bett jagte und auch zur Hintertür hinaus, während „die beleidigte und empörte Öffentlichkeit" zum Vordereingang hereinbrandete, in ihrer berechtigten Entrüstung Möbel und Fensterscheiben zerschlug, als sie kam, und mitnahm, was sie nur tragen konnte, als sie ging. Und doch kann ich beim Barte des Propheten versichern, daß ich Gouverneur Hoffmans Großvater nie verleumdet habe. Mehr noch, ich hatte bis zu diesem Tag und dieser Stunde noch nie etwas von ihm gehört oder ihn erwähnt.

(Nebenbei möchte ich noch bemerken, daß das oben zitierte Blatt später immer auf mich Bezug nahm als „Twain, der Leichenfledderer".)

Der nächste Zeitungsartikel, der meine Aufmerksamkeit erregte, war der folgende:

„*Ein reizender Kandidat.* – Mr. Mark Twain, der auf der Massenkundgebung der Unabhängigen gestern abend eine so vernichtende Rede halten sollte, erschien nicht zur festgesetzten Zeit! Ein Telegramm seines Arztes verkündete, daß er von einem Gespann durchgegangener Pferde niedergerissen worden sei und sich ein Bein zweimal gebrochen habe – Patient liege im Todeskampf und so weiter und so fort und noch eine Menge Blödsinn solcher Art. Und die Unabhängigen gaben sich redlich Mühe, diese erbärmliche Ausrede zu schlucken und so zu tun, als kannten sie nicht den wahren Grund der Abwesenheit dieser verworfenen Kreatur, die sie zu ihrem Bannerträger ernannt haben. Eine gewisse Person ist gestern abend gesehen worden, wie sie mit starker Schlagseite in Mr. Twains Hotel taumelte. Die Unabhängigen haben die Pflicht und Schuldigkeit zu beweisen, daß dieses betrunkene Scheusal nicht Mark Twain war. Endlich haben wir sie! Um diese Angelegenheit können sie sich nicht herumdrücken! Mit Donnergewalt fordert die Stimme des Volkes: ‚Wer war dieser Mann?'"

Eine Weile war es für mich nicht zu glauben, absolut nicht zu glauben, daß es wirklich mein Name war, der mit diesem schmählichen Verdacht in Verbindung gebracht wurde. Drei lange Jahre sind verflossen, seit ich Bier, Wein oder ein anderes alkoholisches Getränk zum letztenmal angerührt habe.

(Es zeigt, welche Wirkung die Zeitläufe auf mich ausübten, wenn ich sage, daß ich mich in der nächsten

Nummer dieses Blattes vertrauensvoll als „Mr. Delirium Tremens Twain“ tituliert sah, ohne daß es mir einen Stich gab – nichtsdestoweniger wußte ich, daß diese Zeitung getreulich daran festhalten und mich bis zum seligen Ende so nennen würde.)

Um diese Zeit bildeten anonyme Briefe allmählich einen großen Teil meiner Post. Diese Form war üblich:

Wie war das mit der alten Frau, die Sie aus Ihrem Grundstück geschmissen haben, wo bettelte? Pol Pry

Und so: Es gibt Dinger, die Sie gedreht haben, was keiner weiß, bloß ich. Besser Sie packen paar Dollars aus an Ihren sehr ergebenen oder Sie werden noch in Zeitung hören von Handy Andy

So ungefähr sahen sie aus. Ich könnte, wenn gewünscht, damit fortfahren, bis der Leser davon genug hätte.

Alsbald „überführte“ mich das Hauptorgan der Republikaner der Bestechung en gros, und das führende Blatt der Demokraten hängte mir einen schweren Fall von Erpressung an.

(Auf diese Weise erwarb ich noch zwei Namen: „Twain, der schmutzige Gauner“ und „Twain, der eklige Bestecher“.)

Zu dieser Zeit war so ein Geschrei nach einer „Antwort“ auf all diese furchtbaren Beschuldigungen, die man gegen mich richtete, entstanden, daß die Redakteure und Führer meiner Partei sagten, es wäre mein politischer Ruin, wenn ich noch länger schwiege. Wie um ihre Aufforderung zu bekräftigen, erschien am nächsten Tag folgender Artikel:

„*Sehet, welch ein Mensch!* – Der unabhängige Kandidat schweigt noch immer. Weil er nicht zu sprechen wagt. Alle Anklagen gegen ihn sind ausführlich bewiesen worden, und sie sind bestätigt und abermals bestätigt worden durch sein beredtes Schweigen, bis er heute überführt ist für immer. Schaut Euch Euren Kandidaten an, Unabhängige! Schaut Euch den schamlosen Meineidigen an! den Dieb von Montana! den Leichenfledderer! Betrachtet Euer Gestalt gewordenes Delirium tremens! Euren schmutzigen Gauner! Euren ekligen Erpresser! Starrt ihn an – wägt ihn wohl – und dann sagt, ob Ihr Eure ehrlichen Stimmen einer Person geben könnt, die sich durch ihre gräßlichen Verbrechen diese traurige Reihe von Titeln erworben hat und ihren Mund nicht zu öffnen wagt, um auch nur einen abzustreiten!"

Mir blieb kein anderer Ausweg, und so machte ich mich in tiefer Demütigung daran, eine Menge grundloser Anschuldigungen und gemeiner, verruchter Lügen zu „beantworten". Doch ich habe diese Aufgabe nie bewältigt, denn gleich am nächsten Morgen kam eine Zeitung mit einer frischen Schreckensmeldung heraus, einer neuen Feindseligkeit, und klagte mich allen Ernstes an, eine Irrenanstalt mit sämtlichen Insassen den Flammen übergeben zu haben, da sie meinem Haus die Aussicht versperrte. Das jagte mir einen panischen Schrecken ein. Dann folgte die Beschuldigung, daß ich meinen Onkel vergiftet hätte, um an seinen Besitz heranzukommen, verbunden mit der energischen Forderung, sein Grab öffnen zu lassen. Das trieb mich an den Rand des Wahnsinns. Obendrein wurde mir zur Last gelegt, daß ich zahnlose, arbeitsunfähige alte Verwandte beschäftigt hätte, im Findlingshospital zu kochen, als ich dessen Vorsteher war. Ich wankte, wankte. Und schließlich, als tun- und tauglicher Höhepunkt der schamlosen Verfolgung, die ich dem Parteihader zu verdanken hatte, waren neun kleine Bälger aller Farbschattierungen und Stufen der Zerlumptheit abgerichtet worden, bei einer öffentlichen Versammlung auf die Bühne zu laufen, meine Beine zu umklammern und Papi zu schreien!

Ich gab auf. Ich zog meine Fahne ein und ergab mich. Den Erfordernissen einer Gouverneurswahl im State New York war ich nicht gewachsen, und deshalb bot ich den Rücktritt von meiner Kandidatur an und unterzeichnete ihn verbittert

„Ihr sehr ergebener – früher ein anständiger Mensch, doch jetzt
Mark Twain, sch.M., D. v. M., Lf., Del. Tr., sch. G. und e. B.“

ZEITUNGSWESEN IN TENNESSEE

Der Arzt riet mir zur Wiederherstellung meiner Gesundheit den Aufenthalt in einem milderen Klima an; ich ging daher nach dem Süden und bekam in Tennessee eine Stelle als Hilfsredakteur bei der Zeitung ‚Morgenrot und Kriegsgeschrei von Johnson County'.

Als ich mich zur Arbeit im Büro einstellte, fand ich den Chefredakteur auf einem dreibeinigen Stuhl hintenübergerekelt, die Füße auf einem Tisch von Tannenholz. Ein zweiter solcher Tisch stand noch im Zimmer und ein ebenso wackliger Stuhl davor; beide waren halb begraben unter Haufen von Zeitungsblättern nebst Fetzen und Bogen von Manuskripten. Ferner befanden sich noch daselbst ein hölzerner mit Sand gefüllter Spucknapf, in welchem Zigarettenstummel und ausgedienter Kautabak lagen und ein Ofen, dessen Tür nur noch an einer Angel hing. Der Chefredakteur trug einen langschößigen schwarzen Tuchrock, weißleinerne Beinkleider und niedere, glänzend gewichste Stiefel, ein Hemd mit altmodischem steifem Stehkragen und gefältetem Einsatz, einen großen Siegelring und ein kariertes Halstuch, dessen Zipfel herabhingen. Die Tracht stammte etwa aus dem Jahre 1848. Er rauchte eine Zigarre, suchte nach einem Wort und fuhr sich dabei in die Haare, daß ihm die Locken zu Berge standen. Nach seinem grimmigen Blick zu urteilen, mußte er gerade einen besonders beißenden Leitartikel unter der Feder haben. Er sagte mir, ich solle die Tageszeitungen durchgehen und, was mir aus ihrem Inhalt interessant scheine, kurz zusammenfassen und zu einer ‚Rundschau in der Presse von Tennessee' verarbeiten. Ich schrieb nun folgenden Artikel:

RUNDSCHAU IN DER PRESSE VON TENNESSEE:

„Was die *Eisenbahn von Ballyhack* betrifft, so ist die Redaktion des Wochenblatts ‚Erdbeben' offenbar in einem Irrtum befangen. Es liegt keineswegs in der Absicht der Gesellschaft, Buzzardville seitwärts liegenzulassen. Der Ort gilt im Gegenteil für einen der wichtigsten Punkte auf der ganzen Strecke, und man hat durchaus nicht den Wunsch, daß er unberücksichtigt bleibt. Die Herren vom ‚Erdbeben' werden das Mißverständnis natürlich mit Vergnügen berichtigen."

„Der geistvolle Redakteur des ‚Donnerkeil und Schlachtruf der Freiheit', John W. *Blossom* von Higginsville, ist gestern in unserer Stadt angekommen und im Van Burenhaus abgestiegen."

„Wir bemerken, daß unser Kollege vom ‚Morgengeheul' in Mud-Spring die irrtümliche Ansicht vertritt, daß die *Wahl Van Werters* keine feststehende Tatsache sei. Er wird jedoch höchstwahrscheinlich seinen Mißgriff schon selbst entdeckt haben, bevor wir ihn hierdurch auf denselben aufmerksam machen. Unvollständige Wahlberichte mögen ihn zu seiner falschen Annahme verleitet haben."

„Es freut uns, mitteilen zu können, daß die Stadt Blathersville mit einigen New Yorker Herren in Verhandlung steht, welche es übernehmen wollen, ihre fast grundlosen Straßen durch ein *Nicholsonsches Pflaster* passierbar zu machen. Das ‚Tägliche Hurra' empfiehlt diese Maßregel mit großem Geschick und Nachdruck und scheint den schließlichen Erfolg zuversichtlich zu erwarten."

Ich übergab mein Manuskript dem Chefredakteur zur Annahme, Veränderung oder Vernichtung. Er warf einen Blick darauf, und seine Stirn umwölkte sich. Mit unheilverkündendem Gesichtsausdruck überlas er die Seite; es mußte irgend etwas nicht in Ordnung sein, das ließ sich leicht erkennen. Plötzlich sprang er auf und rief:

„Himmeldonnerwetter! Halten Sie das für die Art, wie man die Lumpenkerle behandeln muß? Glauben Sie etwa, meine Abonnenten würden sich solche Milchsuppe auftischen lassen? Her mit der Feder!"

Noch nie habe ich eine Feder so boshaft kratzen und streichen hören oder so erbarmungslos durch die Haupt-, Zeit- und Eigenschaftswörter eines Nebenmenschen fahren sehen. Während er noch so recht bei der Arbeit war, schoß jemand nach ihm durch das offene Fenster und traf mich am rechten Ohr.

„Aha", rief er, „das ist der Smith, der Halunke vom ‚Moralischen Vulkan'; den habe ich schon gestern erwartet." Er riß einen Seemannsrevolver aus dem Gürtel und feuerte. Sein Gegner stürzte, in die Hüfte getroffen, zu Boden. Smith war eben daran gewesen zu zielen, um einen zweiten Schuß abzugeben, dieser ging nun vorbei und traf einen Unbeteiligten – nämlich *mich*. Nur ein Finger abgeschossen.

Der Chefredakteur fuhr hierauf fort auszustreichen und dazwischenzuschreiben. Eben war er damit zu Ende, als eine Handgranate durch das Ofenrohr herabschoß und den Ofen in tausend Stücke zertrümmerte. Sonst richtete sie keinen weiteren Schaden an, außer daß sich ein Splitter verirrte und mir ein paar Zähne ausschlug.

„Der Ofen wird gar nicht mehr zu gebrauchen sein", sagte der Chefredakteur. Ich versetzte, das sei auch meine Meinung.

„Na, einerlei – bei dem Wetter können wir ihn entbehren. Ich kenne den Kerl schon, der das getan hat. Der entgeht mir nicht. – Hier, sehen Sie, in diesem Ton muß man reden, wenn man solche Artikel schreibt."

Ich nahm das Manuskript, in dem soviel ausgestrichen und eingeschaltet war, daß seine eigene Mutter es nicht wiedererkannt haben würde, hätte es eine gehabt. Es lautete jetzt folgendermaßen:

RUNDSCHAU IN DER PRESSE VON TENNESSEE: „Die ausbündigen Lügenmäuler vom ‚Erdbeben' sind offenbar beflissen, dem edlen und hochherzigen Volk abermals eine ihrer niederträchtigen und gotteslästerlichen Unwahrheiten in betreff der erhabensten Erfindung des neunzehnten Jahrhunderts, der *Eisenbahn nach Ballyhack*, aufzubinden. Den Gedanken, man würde Buzzardville seitwärts liegenlassen, haben sie in ihrem eigenen, vermoderten Gehirn ausgeheckt. Wir raten ihnen, die Lügen schleunigst hinunterzuwürgen, wenn sie nicht wollen, daß man ihrem schlotterigen Knochengerippe die Haut durchgerbt, wie sie es verdienen."

„Der Schafskopf vom ‚Donnerkeil und Schlachtruf der Freiheit', *Blossom aus Higginsville,* ist wieder hier, um sich im Van Burenhaus zu mästen und vollzusaufen."

„Wir hören, daß der blödsinnige Schurke vom ‚Morgengeheul' in Mud-Spring mit seiner gewohnten Fertigkeit im Lügen die Nachricht verbreitet, das *Van Werters Wahl* nicht durchgegangen ist. – Die Presse hat den heiligen Beruf, die Wahrheit zu verbreiten, dem Irrtum zu steuern, zu erziehen, zu bilden, die öffentliche Moral und Sitte zu heben und zu verfeinern, das Volk sanfter, tugendhafter, wohltätiger und in jeder Beziehung weiser, besser und glücklicher zu machen; aber dieser schändliche Halunke entwürdigt sein hohes Amt fortgesetzt, indem er Lügen, Verleumdungen, Aufhetzungen und Gemeinheiten umherstreut."

„Blathersville beabsichtigt, sich *Nicholsonsches Pflaster* anzuschaffen. Ein Gefängnis und ein Armenhaus täten weit eher not. Welcher Wahnsinn – ein Pflaster in einem lumpigen Ort mit zwei Schnapsbrennereien, einer Schmiede und dem ‚Täglichen Hurra', diesem Senfpflaster von einer Zeitung! Das alte Kriechtier, der Buckner, welcher das ‚Hurra' herausgibt, kräht schon seinen gewöhnlichen Blödsinn über das Pflaster in die Welt hinaus und bildet sich ein, was er sagt, hätte irgendwelchen Menschenverstand."

„Sehen Sie, so muß man's machen – gepfeffert und zur Sache. Von einer Schreiberei ohne Kraft und Saft wird mir's ganz übel."

Währenddessen flog ein Ziegelstein durchs Fenster, das krachend zersplitterte, und traf mich mit aller Wucht in den Rücken. Ich schob meinen Stuhl aus der Schußlinie und begann zu fühlen, daß ich im Wege sei.

Der Chef sagte: „Das muß wohl der Oberst sein, den ich schon seit zwei Tagen erwarte. Gleich wird er heraufkommen."

Er irrte sich nicht. Schon im nächsten Augenblick erschien der Oberst mit einer Dragonerpistole an der Tür.

„Mein Herr", sagte er, „habe ich die Ehre, mit dem Prahlhans zu reden, der diesen erbärmlichen Plunder verfaßt?"

„Jawohl, mein Herr. Nehmen Sie Platz – aber vorsichtig, der Stuhl hat ein Bein verloren. Ich habe wohl das Vergnügen, das Lügenmaul Oberst Blatherskite Tecumseh bei mir zu sehen?"

„Ganz recht, mein Herr. Wir haben noch ein Hühnchen miteinander zu pflücken, und wenn es Ihre Zeit erlaubt, fangen wir gleich an."

„Ich bin gerade bei einem Artikel über den erfreulichen ‚Fortschritt der geistigen und moralischen Entwicklung in Amerika' – aber das eilt nicht. Nur immer zu!"

Beide Pistolen knallten zu gleicher Zeit los. Die Kugel des Obersten raubte dem Chef eine Haarlocke und drang dann in den fleischigen Teil meines Schenkels. Dem Oberst war ein Stück der linken Schulter weggeschossen. Sie feuerten zum zweitenmal, schossen aber vorbei, nur ich erhielt meinen Anteil – einen Schuß in den Arm. Die dritte Ladung verwundete beide Herren leicht, und mir ward ein Knöchel angeschossen. Hierauf äußerte ich, es käme mir unzart vor, noch länger bei dieser Privatangelegenheit zugegen zu sein; ich wolle lieber hinausgehen und einen Spaziergang machen. Aber die Herren baten mich sitzen zu bleiben und versicherten, ich sei ihnen durchaus nicht im Wege.

Sie unterhielten sich nun über die Wahlen und den Ausfall der Ernte, während sie wieder luden, und ich begab mich daran, meine Wunden zu verbinden. Darauf fingen sie von neuem mit Eifer zu feuern an, und jeder Schuß traf – doch muß ich bemerken, daß von sechs Kugeln fünf auf meine Rechnung kamen. Die sechste brachte dem Oberst eine tödliche Wunde bei, worauf er mit feinem Humor bemerkte, er wolle uns jetzt einen guten Morgen wünschen, da er Geschäfte in der Stadt habe. Dann fragte er nach der Wohnung des Leichenbesorgers und entfernte sich.

Der Chefredakteur wendete sich nun zu mir und sagte: „Ich erwarte Gäste zu Tisch und muß mich jetzt zurechtmachen. Sie tun mir wohl den Gefallen, unterdessen die Korrektur zu lesen und die Besucher zu empfangen."

Bei dem Gedanken an die Besucher ward mir etwas bange zumute; aber mir fiel nichts ein, was ich erwidern konnte, so betäubt war ich noch von dem Knattern der Pistolenschüsse, das mir fortwährend in den Ohren klang.

Er fuhr fort: „Jones wird um drei Uhr hier sein – walken Sie ihn tüchtig durch. Gillespie kommt vielleicht noch früher – werfen Sie ihn zum Fenster hinaus. Ferguson trifft wahrscheinlich gegen vier Uhr ein – schlagen Sie ihn tot. Für heute ist das alles, glaube ich. Wenn Sie Zeit übrig haben, schreiben Sie einen fulminanten Artikel gegen die Polizei; geben Sie dem Oberinspektor ein paar tüchtige Hiebe. – Die Knüttel liegen unter dem Tisch, die Pistolen in der Schublade, der Schießbedarf dort in der Ecke, Leinwand und Verbandszeug im Fach des Schreibtisches. Wenn Ihnen etwas zustößt, gehen Sie zu Lancet, dem Wundarzt, hinunter. Er macht Anzeigen in unserem Blatt, und wir begleichen die Rechnung tauschweise."

Fort war er. Mir schauderte. – Nach Verlauf von drei Stunden hatte ich so entsetzliche Gefahren bestanden, daß alle Seelenruhe und Heiterkeit von mir gewichen war. Gillespie hatte sich eingefunden und *mich* aus dem Fenster geworfen; Jones war pünktlich gekommen, als ich mich aber anschickte, ihn durchzuwalken, nahm er mir die Arbeit ab. Bei dem Zusammenstoß mit einem Unbekannten, der nicht auf der Liste stand, hatte ich mein Haar mitsamt der Kopfhaut verloren. Ein anderer Fremder, der sich Thompson nannte, ließ mich als Trümmerhaufen und Lumpenbündel zurück. Zuletzt sah ich mich voll Verzweiflung in einen Winkel getrieben und durch eine wütende Rotte von Zeitungsschreibern, Gaunern, Politikern und Strolchen belagert, die alle in wilder Raserei tobten, fluchten und ihre Waffen über meinem Haupte schwangen, bis die ganze Luft von blitzendem Stahle flimmerte. Schon war ich im Begriff, meine Stelle bei der Zeitung aufzugeben, als der Chef eintrat, begleitet von einer Schar schwärmerischer Freunde und Anhänger. Nun entstand ein Auftritt, der jeder Beschreibung spottet, ein Blutbad und Gemetzel, das keine Federpose, keine Stahlfeder zu schildern vermag. Die Leute wurden erschossen, erdolcht, zerstückt, in die Luft gesprengt und aus dem Fenster geworfen. Auf einen kurzen Wirbelsturm von entsetzlichen Flüchen folgte noch ein wahnsinniger, wirrer Kriegstanz – und alles war vorüber. Nach fünf Minuten herrschte Totenstille; der grimme Chef und ich saßen allein da und überschauten die blutigen Trümmer, welche die Diele ringsumher bedeckten.

Er sagte: „Es wird Ihnen hier schon gefallen, wenn Sie sich erst an die Stelle gewöhnt haben."

„Sie werden mich wohl entschuldigen müssen", entgegnete ich. „Vielleicht würde ich es nach einer Weile dahin bringen, daß Ihnen meine Schreibweise gefiele;

sobald ich die Sprache gelernt hätte, könnte es mir bei einiger Übung wohl nicht fehlen. Aber, offen gestanden, hat eine so kräftige Ausdrucksweise auch allerhand Nachteile, und man wird bei der Arbeit zu häufig unterbrochen. Sie sehen das selbst. Eine kernige Schreibart mag viel zur geistigen Förderung der Leser beitragen, aber man lenkt dadurch die öffentliche Aufmerksamkeit zu sehr auf sich, und das ist mir unbehaglich. Wenn ich so oft gestört werde wie heute, kann ich nicht mit Gemütsruhe schreiben. Die Stelle wäre mir sonst ganz angenehm, aber ich mag nicht allein im Büro bleiben, um die Besucher zu empfangen. Ich gestehe zwar, daß die Erfahrungen, welche man dabei macht, neu und gewissermaßen recht unterhaltend sind, aber es geht doch nicht ganz nach Recht und Billigkeit zu. Ein Herr feuert nach Ihnen durch das Fenster und schießt mich zum Krüppel; eine Granate platzt zu Ihrem Vergnügen im Ofenrohr, und die Ofentür fliegt mir an den Kopf; ein Freund besucht Sie, um mit Ihnen Komplimente auszutauschen und sprenkelt mir die Haut mit so vielen Kugellöchern, daß sie kaum mehr zusammenhält. Dann, während Sie zum Mittagessen gehen, kommt Jones mit seinem Knüttel, Gillespie wirft mich aus dem Fenster, Thompson reißt mir die Kleider vom Leibe, und ein völlig Unbekannter zieht mir mit solcher Unbefangenheit die Kopfhaut ab, als wären wir längst miteinander vertraut. Gleich darauf kommen noch sämtliche Schurken der Umgegend, erschrecken mich zu Tode mit ihren gräßlichen Kriegstänzen und drohen, mir mit ihren Tomahawks vollends den Garaus zu machen. Alles in allem habe ich in meinem ganzen Leben noch nicht so viele Aufregungen durchgemacht wie heute.

Sonst habe ich nichts gegen Sie; im Gegenteil, die ruhige Art und Weise, mit der Sie den Besuchern Ihre Ansicht auseinandersetzen, gefällt mir; aber wie gesagt, mir ist sie ungewohnt. Das Herz der Südländer ist so ungestüm, sie sind zu freigebig in ihrer Gastfreundschaft gegen den Fremdling. Die Artikel, welche ich heute geschrieben habe und in deren kalte Sätze Ihre Meisterhand alle Glut des Zeitungsstils von Tennessee hineingegossen hat, werden abermals einen ganzen Hornissenschwarm aufstören. Die Redakteure werden sich haufenweise auf uns stürzen und vor Hunger jemand zum Frühstück verspeisen wollen. Deshalb sage ich Ihnen Lebewohl. Ich wünsche dem Festmahl nicht beizuwohnen. Meiner Gesundheit wegen habe ich mich in den Süden begeben – meiner Gesundheit wegen muß ich machen, daß ich wieder fortkomme. Das Zeitungswesen in Tennessee ist zu aufregend für mich."

Hierauf trennten wir uns unter beiderseitigem Bedauern, und ich suchte mir eine Wohnung im Hospital.

WIE ICH EIN LANDWIRTSCHAFTLICHES BLATT HERAUSGAB

Als ich aushilfsweise die Redaktion einer landwirtschaftlichen Zeitung übernahm, tat ich es nicht ohne bange Zweifel. Wenn jemand, der gewohnt ist auf dem Lande zu leben, plötzlich ein Schiff befehligen sollte, würde er wohl auch seine Besorgnis dabei haben. Ich befand mich jedoch in Verhältnissen, bei denen mir der Gehalt von Wichtigkeit war. Als daher der ständige Redakteur der Zeitung mir anbot, ihn während der Ferien zu vertreten, ging ich auf seine Bedingungen ein und nahm seine Stelle.

Wieder bei der Arbeit zu sein, war ein köstliches Gefühl, und ich schrieb die ganze Woche hindurch mit unablässigem Vergnügen. Nachdem alles in der Presse war, wartete ich einen Tag lang in großer Spannung auf irgendein Anzeichen, daß meine Bemühung die Aufmerksamkeit des Publikums erregt habe. Bei Sonnenuntergang verließ ich das Büro und sah, daß eine Gruppe von Männern und Knaben, die sich am Fuß der Treppe versammelt hatten, sobald ich erschien, wie auf gemeinsamen Antrieb auseinanderstob, um mich durchzulassen. „Das ist er!" hörte ich sie zueinander sagen. Der Vorfall war mir natürlich sehr schmeichelhaft.

Am nächsten Morgen bemerkte ich eine ähnliche Gruppe an der Treppe; auch vereinzelt und zu zweien standen die Leute vor dem Hause und drüben auf der andern Seite der Straße, mich mit großem Interesse beobachtend. Als ich näherkam, zerstreuten sie sich und wichen zurück, doch hörte ich noch, wie ein Mann sagte:

„Seht nur mal seine Augen an." – Ich tat, als wüßte ich nicht, was ich für Aufsehen machte, doch freute ich mich im stillen darüber und nahm mir vor, es meiner Tante zu schreiben.

Während ich die wenigen Treppenstufen hinaufstieg und mich der Tür näherte, vernahm ich fröhliche Stimmen und schallendes Gelächter. Beim Eintreten gewahrte ich einen Augenblick zwei junge Männer, die wie Landwirte aussahen; sobald sie meiner ansichtig wurden, erbleichten sie, machten lange Gesichter und sprangen plötzlich mit einem großen Krach zum Fenster hinaus. Darüber verwunderte ich mich sehr.

Etwa eine halbe Stunde später trat ein alter Herr mit lang herabwallendem Bart und feinen, aber strengen Gesichtszügen bei mir ein. Ich forderte ihn auf, Platz zu nehmen, und er setzte sich, schien jedoch etwas auf dem Herzen zu haben. Er nahm den Hut ab, stellte ihn auf den Boden und holte ein rotseidenes Taschentuch heraus sowie ein Exemplar unserer Zeitung.

Das Blatt legte er auf seine Knie und fragte, während er sich die Brille mit dem Taschentuch putzte: „Sind Sie der neue Redakteur?" Ich bejahte dies.

„Haben Sie schon früher ein landwirtschaftliches Blatt redigiert?"

„Nein", erwiderte ich, „dies ist mein erster Versuch."

„Das dachte ich mir. Haben Sie die Landwirtschaft praktisch betrieben?" „Nein, ich glaube nicht."

„Ein gewisser Instinkt hat mir das gesagt", meinte der alte Herr, setzte seine Brille auf und maß mich über dieselbe hinweg mit strengen Blicken, wobei er die Zeitung in ein bequemes Format zusammenfaltete. „Ich will Ihnen vorlesen, was diesen Instinkt bei mir erweckt hat. Es war die folgende Bemerkung. Hören Sie, ob sie aus Ihrer Feder stammt:

‚*Rüben* sollte man niemals pflücken, weil ihnen das schadet. Es ist viel besser, einen Knaben auf den Baum klettern und sie herunterschütteln zu lassen.‘

„Nun, was sagen Sie dazu – denn ich bin fest überzeugt, Sie haben es geschrieben!“

„Was soll ich denn sagen? Ich glaube, es ist gut und verständig. Ohne Zweifel werden alljährlich im Umkreis dieser Stadt viele Millionen Scheffel Rüben verdorben, weil man sie in halbreifem Zustand abpflückt, während, wenn man sie durch einen Knaben vom Baum schütteln ließe –“

„Warum nicht gar von Ihrer Großmutter? Rüben wachsen doch nicht auf Bäumen.“

„Oh, wirklich tun sie das nicht! Wer hat denn schon gesagt, daß sie da wüchsen? – Es war ja natürlich bildlich gemeint, nur bildlich! Jeder, der überhaupt Sinn und Verstand hat, muß doch gleich wissen, daß ich meinte, der Knabe sollte die Ranke schütteln.“

Der alte Mann schnellte von seinem Sitz in die Höhe, zerriß die Zeitung in kleine Stücke, stampfte mit dem Fuß darauf, zerschlug allerlei Gegenstände mit seinem Stock und sagte, soviel wie ich wüßte auch eine Kuh. Dann ging er hinaus und warf die Tür hinter sich ins Schloß. Bei diesem Benehmen kam mir der Gedanke, es müsse etwas sein Mißfallen erregt haben. Da ich aber nicht wußte, was ihn verdrossen hatte, konnte ich ihm auch nicht helfen.

Bald nachher kam ein langer, hagerer Mensch zur Tür hereingeschossen. Spärliche Locken hingen ihm bis auf die Schultern herab, und sein Gesicht war in allen Höhen und Tiefen mit den stacheligen Bartstoppeln einer ganzen Woche bedeckt. Er blieb zuerst regungslos stehen und legte den Finger auf den Mund, dann beugte er sich lauschend vor. Kein Geräusch ließ sich hören. Noch immer horchte er. Als alles stillblieb, drehte er den Schlüssel um, schlich behutsam auf den Zehen näher zu mir heran und stellte sich in gemessener Entfernung vor mich hin. Eine Weile forschte er mit großem Interesse in meinen Zügen, nahm dann ein zusammengefaltetes Exemplar unseres Blattes aus der Brusttasche und sagte:

„Sehen Sie hier – das haben Sie geschrieben. Lesen Sie es mir vor – rasch! Befreien Sie mich, Herr! Ich leide entsetzlich."

Ich las was folgt, und während meine Lippen Satz für Satz aussprachen, schien er sich zusehends erleichtert zu fühlen; die starren Muskeln verloren ihre Spannung, die ängstliche Besorgnis wich aus seinem Gesicht, und Friede und Ruhe verbreiteten sich über seine Züge wie lindes Mondlicht über eine öde Landschaft.

„Der *Guano* ist ein schöner Vogel, aber es bedarf großer Sorgfalt, wenn man ihn aufziehen will. Man darf ihn nicht früher als im Juni und nicht später als im September bei uns einführen. Im Winter muß er an einen warmen Ort gebracht werden, um seine Jungen ausbrüten zu können."

„Augenscheinlich werden wir mit unserer *Getreideernte* dieses Jahr im Rückstand bleiben. Der Landmann wird daher wohl daran tun, die Maiskolben und

Buchweizenkuchen schon im Juli statt im August zu pflanzen."

„*Vom Kürbis.* Dies ist eine Lieblingsbeere der Eingeborenen von Neuengland. Bei der Bereitung von Obstkuchen zieht man sie dort zu Lande sogar der Stachelbeere vor. Sie ist vorteilhafter als die Himbeere zum Füttern der Kühe, da sie mehr füllt und stopft und ganz ebenso nahrhaft ist. Der Kürbis ist die einzige eßbare Abart der Familie Orangenpflanze, die im Norden gedeiht, ausgenommen die Melone und der Türkenbund. Man pflanzt ihn jedoch jetzt weniger häufig unter dem Buschwerk im Vordergarten an, da man allgemein die Ansicht hegt, daß der Kürbis kein Baum ist, welcher Schatten gibt."

„Jetzt, bei Eintritt des warmen Wetters, beginnt der *Gänserich* zu laichen und –"

In höchster Aufregung trat der Zuhörer dicht vor mich hin, schüttelte mir die Hand und sagte:

„Schön, schön – das genügt. Jetzt weiß ich, daß ich bei richtigem Verstande bin, denn Sie haben es gerade so gelesen wie ich, Wort für Wort. Aber Fremdling, als ich es heute morgen zum erstenmal las, sagte ich zu mir: ‚Nun und nimmermehr hätte ich es für möglich gehalten, obwohl meine Verwandten mich so streng bewachten, aber jetzt glaube ich selbst, daß ich verrückt bin.' Dabei stieß ich ein Geheul aus, das man zwei Meilen weit hören mußte, und lief fort, um jemand totzuschlagen. Ich wußte ja, daß es früher oder später dazu kommen würde und wollte lieber gleich damit anfangen. Erst las ich noch einmal einen Ihrer Paragraphen durch, dann brannte ich mein Haus nieder und brach auf. Mehreren Leuten habe ich Arme und Beine entzweigeschlagen und einen Menschen auf einen Baum gejagt, wo ich ihn kriegen kann, sobald ich will. Beim Vorbeigehen dachte ich aber erst einmal bei ihnen vorzusprechen, um meiner Sache auch ganz sicher zu sein. Jetzt habe ich mir nun Gewißheit verschafft, und ich sage Ihnen, es ist ein Glück für den Burschen, der auf dem Baum sitzt. Ich hätte ihn unfehlbar auf dem Rückweg umgebracht. Leben Sie wohl, leben Sie wohl! Sie haben mir eine schwere Last von der Seele genommen. Da mein Verstand Ihren landwirtschaftlichen Artikel hat aushalten können, wird er jetzt jeden Puff vertragen. Noch einmal, bester Herr, leben Sie wohl!"

Mir war wegen der Körperverletzungen und Brandstiftungen, mit welchen der Mensch sich unterhalten hatte, etwas unbehaglich zumute, da ich nicht umhin konnte mir einzugestehen, daß ich gewissermaßen daran beteiligt sei. Doch konnte ich diesen Gedanken nicht lange nachhängen, denn der ständige Redakteur trat jetzt ins Zimmer.

Er sah trübselig, verlegen und niedergeschlagen aus.

Er blickte auf die Zerstörung, welche die beiden jungen Landwirte und der alte Tumultuant angerichtet hatten, und sagte: „Das ist eine böse Geschichte – eine sehr böse Geschichte. Die Flasche mit dem flüssigen Leim ist zerbrochen, sechs Fensterscheiben, ein Spucknapf und zwei Leuchter in Stücke geschlagen. Aber das ist noch lange nicht das Schlimmste. Der Ruf des Blattes hat gelitten – und wie ich fürchte, für alle Zeit. Zwar ist die Nachfrage größer gewesen als jemals, noch nie ist eine so starke Auflage verkauft worden, nie zuvor hat das Blatt solche Berühmtheit erlangt – aber man will doch nicht wegen Verrücktheit berühmt sein und mit Geistesschwäche Geld erwerben! Ich versichere Ihnen, Freund, so wahr ich ein ehrlicher Mann bin, drunten sitzen die Leute auf den Zäunen und wimmeln in der Straße, um zu warten, ob sie etwas von Ihnen zu sehen bekommen, weil sie Sie für verrückt halten. Das können sie auch mit gutem Grund, nachdem sie Ihre Artikel gelesen haben, die eine Schande für die ganze Presse sind. Wie in aller Welt sind Sie nur auf den Einfall gekommen, daß Sie imstande wären, ein solches Blatt zu redigieren? Sie scheinen ja nicht einmal von den ersten Anfangsgründen der Landwirtschaft eine Ahnung zu haben. Sie sprechen von einer Furche und einer Furt, als sei es ein und dasselbe; Sie reden von einer Mauserzeit der Kühe und empfehlen den Iltis als Haustier, weil er voll Mutwillen sei und ein trefflicher Rattenfänger. Ihre Bemerkung, daß die Seeschnecken stillzuliegen pflegen, wenn man ihnen Musik vormacht, war ganz und gar überflüssig. Seeschnecken lassen sich überhaupt nicht aus ihrer Ruhe bringen, sie liegen immer still, und die Musik ist ihnen völlig gleichgültig. Sagen Sie nur um des Himmels willen, Freund, haben Sie etwa die Unwissenheit zu Ihrem Berufsstudium gemacht? Dann hätten Sie sich heute den Doktorhut erworben, in allen Ehren. Etwas Ähnliches ist mir noch nicht vorgekommen. Ihre Bemerkung, daß die Roßkastanie sich als Handelsartikel einer stets wachsenden Gunst erfreut, ist ganz dazu angetan, das Blatt zugrunde zu richten. Ich bitte Sie, das Amt niederzulegen und Ihrer Wege zu gehen. Ich habe schon viel zu lange Ferien gehabt. Einen Genuß hätte ich doch nicht mehr davon, besonders wenn Sie meinen Platz innehaben und ich in beständiger Angst schweben müßte, was Sie den Leuten zunächst empfehlen würden. Wenn ich daran denke, daß Sie unter dem Titel ‚Landschaftsgärtnerei' über Austernbänke geschrieben haben, möchte ich aus der Haut fahren. – Machen Sie, daß Sie fortkommen! Für nichts in der Welt würde ich wieder in die Ferien gehen. Oh, warum haben Sie mir nur nicht gesagt, daß Sie von der Landwirtschaft nicht das mindeste wissen!"

„Was wollen Sie denn eigentlich, Sie Maiskolben, Sie Krautkopf, sie Rübensprößling?! Schämen Sie sich Ihrer unverständigen Worte. Seit vierzehn Jahren arbeite ich als Redakteur, und noch niemals, das versichere ich Ihnen, habe ich gehört, daß man besondere Kenntnisse haben müsse, um eine Zeitung zu redigieren. Wer schreibt denn die Theaterkritiken für die Tagesblätter zweiten Ranges? Irgendein gelehrter Schuster oder Apothekerlehrling, der von der Schauspielkunst nicht mehr und nicht weniger versteht als ich von der Landwirtschaft. Wer bespricht die Bücher? Menschen, die nie eins geschrieben haben. Wer schreibt die größten Leitartikel über Staatsfinanzen? Diejenigen, welche die schönste Gelegenheit gehabt haben, gar nichts davon zu erfahren. Wer verfaßt die Berichte über den Indianerkrieg? Herren, die ein Wigwam nicht von einem Tamtam unterscheiden können, die nie in den Fall gekommen sind, mit einem Tomahawk um die Wette zu laufen oder irgendeinem Glied ihrer Familie Pfeile auszuziehen, um ein Lagerfeuer anzumachen. Wer schreibt die Aufforderung zur Mäßigkeit und jammert über die verführerische Flasche? – Burschen, die keinen nüchternen Atemzug mehr tun werden, bis sie im Grabe liegen. Wer redigiert meist die landwirtschaftlichen Blätter – Sie Runkelrübe? – Wer anders, als verdorbene Redakteure städtischer Zeitungen oder Menschen, die mit dem Poetenhandwerk kein Glück haben, mit Schauerdramen schlechte Geschäfte machen und ihre gelben Eisenbahnromane nicht anbringen können. Die werfen sich zuletzt auf die Landwirtschaft, um noch eine Zeitlang dem Armenhaus zu entrinnen. Wollen *Sie* mich etwa über das Redaktionswesen belehren? Das habe ich durchgemacht von A bis Z; und ich kann Ihnen sagen: je weniger ein Mensch weiß, um so größer ist das Geschrei, das er macht, und der Gehalt, den er bezieht. Beim Himmel – wäre ich nur unwissend statt gebildet und unverschämt statt schüchtern gewesen, ich hätte mir einen Namen erwerben können in dieser kalten, selbstsüchtigen Welt! Herr, ich nehme meinen Abschied. Nachdem ich so behandelt worden bin, wie Sie mich behandelt haben, bin ich ganz bereit, zu gehen. Meiner Pflicht habe ich genügt und meinen Kontrakt erfüllt, soweit man es mir gestattet hat. Ich versprach, Ihr Blatt interessant zu machen für alle Klassen – das habe ich getan. Ich sagte, ich könne Ihren Absatz auf zwanzigtausend Exemplare bringen – das wäre geschehen, wenn Sie mir noch vierzehn Tage Zeit gelassen hätten. Obendrein würde ich Ihnen die beste Klasse von Lesern verschafft haben, die sich ein landwirtschaftliches Blatt nur wünschen kann – kein einziger Landmann darunter, nicht ein Mensch, der einen Wassermelonenbaum von einer Pfirsichranke unterscheiden könnte. *Sie* verlieren bei diesem Bruch, Sie Pastetengewächs – nicht ich. Gehorsamer Diener!“

Dann ging ich.

DER GROSSE RINDFLEISCHKONTRAKT

Mit sowenig Worten wie möglich will ich der Nation über meine Beteiligung an einer Sache berichten, welche die öffentliche Meinung in hohem Grade beschäftigt und viel böses Blut erregt hat.

Die traurige Angelegenheit ist von den Zeitungen der alten und der neuen Welt mit den schrecklichsten Übertreibungen und Verzerrungen dargestellt worden; für alle Tatsachen, welche ich anführe, finden sich aber – das kann ich versichern – mehr als genügende urkundliche Beweise in den Staatsarchiven der Union vor. Der Verlauf der Sache war ursprünglich folgender:

John Wilson Mackenzie aus Rotterdam in der Grafschaft Chemung im Staate New Jersey, jetzt verstorben, schloß am 10. Oktober 1861 mit der Regierung der Vereinigten Staaten einen Kontrakt ab, nach welchem er dem General Sherman dreißig Faß eingepökeltes Rindfleisch zu liefern hatte.

Nun gut.

Er machte sich auf, um Sherman das Rindfleisch zu bringen, aber als er in Washington ankam, war der General nach Manassas unterwegs; er zog ihm daher mit dem Rindfleisch nach, kam aber zu spät. Nun folgte er ihm nach Nashville, von Nashville nach Chatanooga, von Chatanooga nach Atlanta – einholen konnte er ihn jedoch nicht. In Atlanta nahm er einen neuen Anlauf und zog auf dem ganzen Marsch nach der Meeresküste hinter Sherman drein. Wieder kam er um einige Tage zu spät; da er aber erfuhr, der General habe sich in der ‚Quaker-City' nach dem Heiligen Lande eingeschifft, ging er nach Beirut unter Segel, überzeugt, er werde das andere Schiff einholen können. In Jerusalem angekommen, erhielt er die Nachricht, der General sei nicht mit der ‚Quaker-City' abgesegelt, sondern nach der Prärie aufgebrochen, um gegen die Indianer zu kämpfen. Er kehrte daher nach Amerika zurück und zog in das Felsengebirge. Nach achtundsechzigtägiger, mühseliger Wanderung durch die Prärie, nur noch vier Meilen von Shermans Hauptquartier entfernt, fiel er den Indianern in die Hände, die ihn mit dem Tomahawk erschlugen, ihm die Kopfhaut abzogen und sich des Rindfleisches bemächtigten. Sie nahmen das ganze, bis auf ein Faß, welches Shermans Armee eroberte. Der kühne Reisende erfüllte also sogar im Tode noch seinen Kontrakt, wenigstens zum Teil. In seinem Testament, das er wie ein Tagebuch führte, vermachte er den Kontrakt seinem Sohn Bartholomäus M. Dieser schrieb die folgende Rechnung auf – dann starb er:

Rechnung für die Ver. Staaten.
In Rechnung für *John Wilson Mackenzie* von New Jersey,
jetzt verstorben, 30 Faß eingepökeltes Rindfleisch

für General *Sherman* á 100 Dollar	3000 Dollar
Reisespesen und Transport des Fleisches .	14000 Dollar
Summa	17000 Dollar

Den Betrag empfangen zu haben bescheinigt

Bei seinem Ableben hinterließ er den Kontrakt dem Wm. J. Martin, welcher sich bemühte, die Summe zu erheben, aber darüber starb und seine Forderung an Barker J. Allen vermachte. Auch dieser erhielt bei seinen Lebzeiten keine Bezahlung und hinterließ die Schriftstücke Anton G. Rogers, der bei seinem Versuch, den Betrag einzukassieren, eben bis zum neunten Rechnungsführer gelangt war, als der Tod, der alles zum Abschluß bringt, ungerufen erschien und ihm die ferneren Verhandlungen abschnitt. Die Papiere hinterließ er einem Verwandten in Connecticut, namens Vengeance Hopkins, welcher es vier Wochen und zwei Tage aushielt und unerhörten Erfolg hatte, denn fast wäre er bis zum zwölften Rechnungsführer gelangt. Er vermachte den Kontrakt testamentarisch seinem Onkel, der Freudenreich Johnson hieß. Aber Freudenreich ertrug es nicht lange. Seine letzten Worte waren: „Ich sterbe gern – weinet nicht über mich!"

Und er starb wirklich gern, der arme Mann. Nach seinem Tode erbten noch sieben andere Leute Kontrakt und Rechnung, die alle bald starben. So kamen die Papiere zuletzt in meinen Besitz. Ich erhielt sie von meinem Verwandten Bethlehem Hubbard aus Indiana, der schon lange einen Groll gegen mich hegte. Auf seinem Totenbett schickte er aber nach mir, verzieh mir alles und übergab mir mit Tränen in den Augen den Rindfleischkontrakt.

Dies ist die Vorgeschichte desselben bis zu der Zeit, da er mein Eigentum wurde. Jetzt will ich den Versuch machen, mich angesichts der ganzen Nation wegen meines Anteils an der Sache zu rechtfertigen. Mit dem Kontrakt und der Rechnung über Reisespesen und

Transport der gelieferten Ware begab ich mich zu dem Präsidenten der Vereinigten Staaten.

„Was wünschen Sie, mein Herr“, fragte er mich. Ich erwiderte: „Majestät, etwa am 10. Oktober des Jahres 1861 schloß John Wilson Mackenzie aus Rotterdam in der Grafschaft Chemung im Staate New Jersey, jetzt verstorben, mit der Regierung der Vereinigten Staaten einen Kontrakt ab, nach welchem er dem General Sherman dreißig Faß eingepökeltes Rindfleisch – – “

Hier fiel er mir ins Wort, freundlich, aber mit fester Stimme und entließ mich. Am nächsten Tage machte ich dem Staatssekretär meine Aufwartung.

„Ihr Begehr, mein Herr?“ fragte dieser.

„Königliche Hoheit“, begann ich, „etwa am 10. Oktober des Jahres 1861 schloß John Wilson Mackenzie aus Rotterdam in der Grafschaft Chemung im Staate New Jersey, jetzt verstorben, mit der Regierung der Vereinigten Staaten einen Kontrakt ab, nach welchem er dem General Sherman dreißig Faß eingepökeltes Rindfleisch – – “

„Genug, mein Herr – genug, sage ich! Wir haben in diesem Ministerium nichts mit Kontrakten über Rindfleisch zu schaffen.“ Ich wurde hinauskomplimentiert. Nachdem ich mir die Sache reiflich überlegt hatte, stattete ich tags darauf dem Marineminister einen Besuch ab. Der sagte: „Rasch, mein Herr, bringen Sie ihr Anliegen vor; lassen Sie mich nicht warten!“

„Königliche Hoheit“, sagte ich, „etwa am 10. Oktober des Jahres 1861 schloß John Wilson Mackenzie aus Rotterdam in der Grafschaft Chemung im Staate New Jersey, jetzt verstorben, mit der Regierung der Vereinigten Staaten einen Kontrakt ab, nach welchem er dem General Sherman dreißig Faß eingepökeltes Rindfleisch – – "

Weiter kam ich nicht. Auch ihn gingen die Rindfleischlieferungen für General Sherman nichts an. Ich dachte, das sei doch eine recht kuriose Regierung! Es hatte ja fast den Anschein, als habe sie überhaupt keine Lust, das Rindfleisch zu bezahlen. Am nächsten Tage ging ich zum Minister des Innern.

„Kaiserliche Hoheit", sagte ich, „etwa am 10. Oktober des – "

„Sparen Sie sich die Mühe, mein Herr", fuhr er auf; „ich habe schon von Ihnen gehört. Machen Sie, daß Sie mit Ihrem niederträchtigen Kontrakt aus dem Hause kommen. Mit der Verproviantierung der Armeen hat das Ministerium des Innern durchaus nichts zu tun."

Ich entfernte mich; aber jetzt war ich wirklich aufgebracht. So leichten Kaufs sollten sie mich nicht loswerden; ich nahm mir vor, jedes Departement dieser gottlosen Regierung heimzusuchen, bis das Geschäft mit dem Kontrakt geordnet sei. Entweder wollte ich das Geld einkassieren oder das Leben lassen bei dem Versuch, wie alle meine Vorgänger. Ich ging dem Generalpostmeister zu Leibe, ich belagerte das Ackerbauministerium, ich lauerte dem Sprecher des Repräsentantenhauses auf. Sie alle hatten nichts mit den Armeelieferungen von Rindfleisch zu schaffen. Darauf wandte ich mich an den Vorsitzenden des Patentamts.

„Hochwohlgeborene Excellenz", sagte ich, „etwa am – – " „Zum Henker, sind Sie mit Ihrem verfluchten Rindfleischkontrakt endlich auch hierher gelangt! Ich versichere Ihnen, werter Herr, uns gehen weder die Armeelieferungen etwas an, noch Ihr Kontrakt."

„Oh, das kann jeder sagen – – *irgend jemand* muß das Fleisch doch bezahlen! Die Sache wird jetzt auf der Stelle ins reine gebracht, sonst lege ich Beschlag auf dieses alte Patentamt mit allem, was darin ist."

„Aber bester Herr! –"

„Es ist mir alles einerlei. Das Patentamt ist verpflichtet, das Rindfleisch zu bezahlen. Darauf bestehe ich. Alle Ausreden sind umsonst; ich wanke und weiche nicht vom Platze, bis das Patentamt bezahlt hat."

Die weiteren Einzelheiten tun nichts zur Sache. Sie endete in einer Prügelei, und das Patentamt behielt die Oberhand. Aber etwas hatte ich bei der Gelegenheit doch erfahren, was mir Vorteil brachte, nämlich daß, wenn ich zur richtigen Behörde gehen wolle, ich mich an das Schatzamt wenden müsse. Ich begab mich dorthin und wartete dreieinhalb Stunden, dann ward ich beim ersten Lord der Schatzkammer vorgelassen.

„Alleredelster, würdigster und hochgeschätztester Signor", sagte ich, „etwa am 10. Oktober des Jahres 1861 schloß John Wilson Macken – –"

„Nicht weiter, mein Herr – ich weiß, ich weiß! Gehen Sie zum ersten Rechnungsführer." Das tat ich, und er schickte mich zum zweiten Rechnungsführer. Der schickte mich zum Oberregistrator der Abteilung für Pökelfleisch. Das fing doch an geschäftsmäßig auszusehen! Er ging die Bücher durch, auch alle noch ungehefteten Akten, fand aber den Rindfleischkontrakt nirgends eingetragen und schickte mich zum zweiten Registrator. Auch dieser sah seine Bücher und Papiere durch, aber ohne Erfolg. Jetzt schöpfte ich neuen Mut und kam im Laufe der Woche bis zum sechsten Registrator der Pökelfleisch-Abteilung. In der zweiten Woche machte ich die Abteilung für Schuldforderungen durch, in der dritten erledigte ich die Abteilung für unbezahlte Rechnungen. Dort waren meine Erkundigungen schon nach drei Tagen zu Ende.

Es gab jetzt nur noch einen Ort, wo ich nachfragen konnte. Ich belagerte den Kommissionär für Bagatellsachen. Das heißt, er selbst war nicht da, ich hielt mich an einen Schreiber. In dem Zimmer befanden sich sechzehn wunderhübsche Damen, welche die Bücher führten, und sieben Schreiber von wohlgefälligem Äußeren, die ihnen zeigten, wie sie es machen müßten. Die jungen Damen wandten den Kopf und lächelten über ihre Schultern nach oben, die Schreiber lächelten zu ihnen hinab, und es ging so lustig her, wie wenn die Glocke zur Hochzeit läutet. Zwei oder drei andere Schreiber, welche die Zeitung lasen, sahen mich mit scharfen Blicken an, fuhren aber fort zu lesen, und niemand sprach ein Wort. An solche Zuvorkommenheit und bereitwillige Bedienung war ich aber in meiner ereignisreichen Laufbahn schon gewöhnt, da ich sie seit dem Tage, als ich das erste Büro der Pökelfleisch-Abteilung betrat, bis ich das letzte verließ, um mich in die Abteilung für Bagatellsachen zu begeben, bei allen Schreibergehilfen der Registratoren angetroffen hatte. Durch viele Übung war ich schon so weit gekommen, daß ich von meinem Eintritt ins Büro an, bis zu dem Augenblick, daß der Schreiber mich anredete, auf einem Bein stehen konnte, ohne dasselbe mehr als zwei- oder höchstens dreimal zu wechseln.

Jetzt stand ich hier, bis ich das Bein viermal gewechselt hatte. Dann sagte ich zu einem der Schreiber, welche lasen:

„Erlauchter Bummler, wo ist der Großtürke?"

„Was meinen Sie, mein Herr? Wen meinen Sie? – Wenn Sie den Bürochef meinen – der ist ausgegangen."

„Wird er heute noch den Harem besuchen?"

Der junge Mann sah mich eine Weile grimmig an und vertiefte sich dann wieder in seine Zeitung. Aber das kümmerte mich nicht, ich kannte die Art dieser Schreiber und wußte, daß Hoffnung für mich vorhanden sei, wenn er eher fertig wurde, als die neuen Zeitungen aus New York eintrafen. Er war jetzt schon bei dem vorvorletzten Tageblatt angekommen. Nach einer Weile hatte er alles durchgelesen, dann gähnte er und fragte nach meinem Begehr.

„Weltberühmter und hochverehrter Staatsmann, etwa am 10. – "

„Ah, Sie sind der Mann mit dem Rindfleischkontrakt. Geben Sie mir Ihre Papiere."

Er nahm sie in Empfang und wühlte dann lange Zeit in seinen Bagatellsachen herum. Endlich fand er die Nordwestpassage oder, was für mich dasselbe bedeutete, den lange verlorenen Vermerk über den Rindfleischkontrakt – die Klippe, an welcher so viele meiner Vorgänger gescheitert waren, ohne sie je zu erreichen. Meine Rührung war groß, und doch frohlockte ich im Herzen – denn ich lebte ja noch. Ich sagte mit bewegter Stimme: „Geben Sie mir das Dokument! Die Regierung wird jetzt sicherlich die Schuld abtragen."

Er bedeutete mir jedoch, ich solle mich gedulden, es sei vorher noch etwas zu erledigen.

„Wo ist jener John Wilson Mackenzie?" fragte er.

„Tot." „Wann ist er gestorben?"

„Gestorben ist er überhaupt nicht – man hat ihn totgeschlagen." „Wie das?"

„Mit einem Tomahawk erschlagen."

„Wer hat ihn mit dem Tomahawk erschlagen?"

„Natürlich doch ein Indianer. Sie glaubten doch nicht, der Superintendent einer Sonntagsschule hätte es getan?"

„Nein. Also ein Indianer war es ?"

„Jawohl."

„Sein Name?"

„Sein Name? – Ich werde doch nicht seinen Namen wissen sollen!"

„*Name* unbedingt erforderlich. Wer hat denn gesehen, daß er mit dem Tomahawk erschlagen wurde?"

„Das weiß ich nicht."

„Sie selbst waren also nicht zugegen?"

„Nein – wie Sie an meinen Haaren sehen können."

„Woher wissen Sie denn, daß Mackenzie tot ist?"

„Weil er zu jener Zeit wirklich gestorben und seitdem auch totgeblieben ist, wie ich allen Grund habe zu glauben. Ja, ich weiß es ganz bestimmt."

„Wir müssen Beweise haben. Ist der Indianer zur Stelle?"

„Natürlich nicht."

„Den müssen Sie herbeischaffen. Haben Sie den Tomahawk hier?"

„Bewahre, ich denke gar nicht daran."

„Sie müssen den Tomahawk beibringen und ihn uns zusamt dem Indianer vorführen. Wenn sich hierdurch Mackenzies Tod beweisen läßt, haben Sie sich an die Kommission zu wenden, welche eingesetzt ist, um schwebende Forderungen zu prüfen. Vielleicht kommt dann Ihre Sache so in den Zug, daß Ihre Kinder die

Bezahlung der Rechnung noch erleben und das Geld verzehren können. Aber vor allem muß der Tod jenes Mannes bewiesen werden. Übrigens kann ich Ihnen gleich noch sagen, daß die Regierung die Transport- und Reisespesen des seligen Mackenzie nimmermehr bezahlen wird. *Möglicherweise* wird sie das Faß Pökelfleisch bezahlen, welches Shermans Soldaten erobert haben, wenn Sie auf Schadenersatz klagen und der Kongreß Ihre Forderung anerkennt; aber die neunundzwanzig Faß, welche die Indianer aufgegessen haben, wird sie Ihnen nicht bezahlen."

„Demnach hätte ich nur hundert Dollar zu beanspruchen, und selbst diese sind mir nicht sicher! Und das nach Mackenzies endlosem Hin- und Herreisen mit dem Pökelfleisch in Europa, Asien und Amerika, nach allen Beschwerden, Prüfungen und Plackereien, die er erduldet hat, nach dem Hinsterben so vieler Unschuldiger, die bei dem Versuch, die Rechnung einzukassieren, ums Leben gekommen sind! Junger Mann, warum hat mir der Oberregistrator der Pökelfleisch-Abteilung das nicht gleich gesagt?"

„Er wußte nicht, daß Ihr Anspruch begründet war."

„Warum hat es mir der zweite, der dritte nicht gesagt – warum erfuhr ich es in keiner einzigen der Abteilungen und Unterabteilungen?"

„Weil man nirgends etwas davon wußte. Bei uns geschieht alles nach dem Geschäftsgang. Dem sind Sie gefolgt und haben in Erfahrung gebracht, was Sie zu wissen wünschten. Es ist das der beste Weg. Er ist ganz ordnungsmäßig, man kommt dabei sehr langsam, aber sehr sicher zum Ziel."

„Jawohl, zum sichern Tod. Dahin hat er die meisten der Unsrigen geführt. Ich fühle, daß es auch mit mir zu Ende geht. – Junger Mann, Sie lieben jenes fröhliche Geschöpf da drüben mit den sanften, blauen Augen und dem Federhalter hinter dem Ohr – ich sehe das an Ihren schmachtenden Blicken. Sie wünschen sie zu heiraten – aber Sie sind arm. Hier – strecken Sie die Hand aus, hier ist der Rindfleischkontrakt! Wohlan, nehmt euch, seid glücklich! Gott segne euch, meine Kinder!"

Das ist alles, was ich von dem großen Rindfleischkontrakt weiß, der soviel Aufsehen in der Welt gemacht hat. Der Schreiber, dem ich ihn abgetreten habe, ist gestorben. Was weiter aus dem Kontrakt und seinen späteren Besitzern geworden ist, vermag ich nicht zu sagen. Nur soviel weiß ich, daß, wenn jemand lange genug am Leben bleibt, um seine Sache durch das ganze Umständlichkeitsamt in Washington hindurch zu verfolgen, er zuletzt nach vieler Mühe, Arbeit und Verzögerung das herausfinden wird, was er am ersten Tage hätte erfahren können, wenn der Geschäftsgang im Umständlichkeitsamt so geschickt und zweckentsprechend geregelt wäre wie in jedem großen kaufmännischen Institut.

DIE GESCHICHTE VOM UNARTIGEN KLEINEN JUNGEN

Es war einmal ein böser kleiner Junge, der hieß Jim – obgleich böse kleine Jungen fast immer James heißen, wie ihr finden werdet, wenn ihr in den Sonntagsschulbüchern lest. Es war sonderbar, aber wahr, daß dieser Jim hieß.

Er hatte auch keine kranke Mutter – eine kranke Mutter, die fromm war und die Schwindsucht hatte, die sich gern ins Grab gelegt und ausgeruht hätte, wenn nicht die große Liebe zu ihrem Sohne sie abgehalten hätte und die Angst, die Welt könnte hart und kalt gegen ihn sein, wenn sie fort wäre. Die meisten bösen Jungen in den Sonntagsbüchern heißen James und haben kranke Mütter, die sie lehren zu sagen: „Müde bin ich, geh' zur Ruh'" usw. und sie in den Schlaf singen mit süßen, klagenden Stimmen und sie zur Gutenacht küssen und am Bett niederknien und weinen. Aber bei diesem Jungen war's anders. Er hieß Jim, und seiner Mutter fehlt gar nichts – sie hatte weder Schwindsucht noch sonst etwas Derartiges. Sie war eher derb zu nennen, auch war sie nicht fromm; außerdem ängstigte sie sich nicht um Jim. Wenn er seinen Hals brechen sollte, meinte sie, wäre das kein großer Verlust. Sie trieb ihn stets mit etlichen Klapsen ins Bett und küßte ihn nie zur Gutenacht; im Gegenteil, sie gab ihm Ohrfeigen beim Fortgehen.

Einstmals stahl dieser böse Junge die Schlüssel zur Speisekammer, schlüpfte hinein und verhalf sich zu etwas Marmelade. Dann füllte er das Gefäß wieder mit Teer, so daß seine Mutter den Unterschied nicht merken konnte; aber wunderbarerweise kam kein schreckliches Gefühl über ihn, und nichts schien ihm zuzuflüstern: „Ist es recht, daß ich meiner Mutter nicht gehorche? Ist es nicht eine Sünde? Wohin kommen die bösen kleinen Jungen, die Ihrer lieben, gütigen Mutter die Marmelade wegessen?“ Und dann kniete er nicht von ganz allein nieder und versprach nicht, nie wieder bös sein zu wollen, und stand nicht auf mit leichtem, glücklichen Herzen und ging nicht und erzählte seiner Mutter alles und bat sie um Verzeihung und wurde nicht von ihr gesegnet mit Tränen des Stolzes und Dankes in den Augen. Nein – so machen es alle andern bösen Jungen in den Büchern; aber mit Jim war es sonderbarerweise anders. Er aß die Marmelade und sagte in seiner sündigen, gewöhnlichen Art, es wäre famos, und er tat den Teer hinein und sagte, das wäre auch famos, und lachte, indem er bemerkte, „daß die Alte schön schnauben würde“, wenn sie es entdeckte; und als sie es entdeckte, leugnete er alles, und sie bläute ihn tüchtig durch, und das Weinen verrichtete er selber. Alles war sonderbar an diesem Jungen – alles schlug anders für ihn aus als für die bösen Jameses in den Büchern.

Einstmals kletterte er auf den Apfelbaum des Bauern Acorn, um Äpfel zu stehlen, und der Ast brach nicht, Jim fiel nicht herunter und brach nicht den Arm und wurde nicht von des Bauern großem Hund zerrissen, um dann wochenlang krank im Bett zu liegen und zu bereuen und gut zu werden. O nein! er stahl so viel Äpfel, wie er wollte, und kam wohlbehalten unten an; dem Hund war er ganz gewachsen, den schlug er derb mit einem Ziegelstein, als er ihn zerreißen wollte. Er war sehr sonderbar – nichts dergleichen geschah je in jenen harmlosen, kleinen Büchern mit marmorierten Rücken und mit Bildern von Männern mit Schwalbenschwanzrücken, glockenförmigen Hüten und kurzen Beinkleidern und Frauen mit kurzen Taillen und ohne Reifröcke. Nichts dergleichen steht in irgendeinem Sonntagsschulbuch.

Einmal stahl er dem Schullehrer das Federmesser, und als ihm angst wurde, daß es herauskommen könnte, steckte er es in Georg Wilsons Mütze – der armen Witwe Wilson Sohn, der Musterknabe, der beste kleine Junge des Dorfes, der immer seiner Mutter gehorchte und nie die Unwahrheit sagte und die Sonntagsschule zärtlich liebte. Und als das Messer aus der Mütze fiel und der arme Georg den Kopf hing und wie schuldbewußt errötete und der bekümmerte Lehrer ihn des Diebstahls bezichtigte und eben im Begriffe war, die Rute auf seine zitternden Schultern niedersausen zu lassen, erschien nicht plötzlich in ihrer Mitte ein weißhaariger, unmöglicher Friedensrichter und stellte sich in Positur und rief: „Schone diesen lieben Jungen – dort steht der feige Bösewicht! Ich ging an der Schultür vorüber, als die Schule aus war, und, selbst ungesehen, sah ich ihn den Diebstahl begehen!" Und dann wurde Jim nicht geschlagen, und der ehrwürdige Friedensrichter hielt der in Tränen zerfließenden Schule keine Predigt und nahm Georg nicht bei der Hand und sagte, solch ein Junge verdiene, erhöht zu werden, und ließ ihn nicht zu sich kommen und nicht bei sich wohnen und die Amtsstube ausfegen und Feuer anmachen und Botengänge besorgen und Holz spalten und Jura studieren und seiner Frau im Hause helfen und alle übrige Zeit zum Spielen verwenden und vierzig Cent den Monat verdienen und glücklich sein. Nein; das würde in den Büchern so geschehen sein, aber bei Jim war's anders. Kein nörgelnder alter Klotz von Friedensrichter kam herein, um Unfrieden zu stiften, und so wurde der Musterknabe Georg durchgeprügelt, und Jim freute sich darüber, weil Jim, wie ihr wißt, Musterknaben haßte. Er sagte, er wäre „wütend auf diese Memmen". So roh drückte sich dieser böse, verwahrloste Junge aus.

Aber das Wunderbarste, was Jim begegnete, war das eine Mal Bootfahren am Sonntag, wobei er nicht ertrank, und das andere Mal Fischen auch am Sonntag, wobei ihn das Gewitter erwischte und der Blitz ihn doch nicht erschlug. Wahrhaftig, ihr könnt alle Sonntagsschulbücher von jetzt bis nächste Weihnachten durchstudieren, ohne irgend etwas Ähnliches anzutreffen. O, ihr würdet finden, daß alle bösen Jungen, die am Sonntag Boot fahren, ohne Ausnahme ertrinken und alle bösen Jungen, die vom Gewitter überrascht werden, wenn sie sonntags fischen, vom Blitz erschlagen werden. Boote mit bösen Jungen kippen sonntags immer um, und es stürmt immer, wenn böse Jungen sonntags fischen gehen. Wie Jim dem entging, wird mir stets ein Geheimnis bleiben.

Dieser Jim war verzaubert – das muß des Rätsels Lösung sein. Nichts konnte ihn verletzen. Er gab selbst dem Elefanten in der Menagerie eine Prise Tabak, und der Elefant schlug ihn mit seinem Rüssel nicht den Schädel ein. Er umkreiste den Speiseschrank nach Pfefferminzessenz und irrte sich nicht und trank nicht Scheidewasser. Er stahl seines Vaters Flinte und ging sonntags jagen und schoß sich nicht drei oder vier Finger ab. Seine kleine Schwester schlug er im Zorn mit der Faust auf die Schläfe, und sie siechte nicht elend dahin in langen Sommertagen und starb nicht mit süßen Worten der Vergebung auf den Lippen, die die Angst seines brechenden Herzens verdoppelten. Nein, sie überlebte es. Schließlich lief er davon und ging zur See, und er kam nicht zurück traurig und allein in der Welt, fand nicht seine Lieben auf dem stillen Kirchhof schlummernd und das weinumrankte Heim seiner Kindheit zusammengestürzt und zerfallen. Ach nein! er kam heim, betrunken wie ein Stadtpfeifer, und ging zuerst auf die Polizeiwache.

Er wuchs auf und heiratete und gründete eine große Familie und zerschmetterte ihnen allen eines Abends den Schädel und wurde wohlhabend durch alle Arten von Betrug und Schurkerei; jetzt ist er der verteufeltste Schurke seiner Heimat und ist allgemein geachtet und gehört zur obersten Behörde.

Wie du siehst, gab es nie einen bösen James in den Sonntagsschulbüchern, der solch fortgesetztes Glück hatte wie dieser sündige Jim mit dem verzauberten Leben.

DIE GESCHICHTE VOM ARTIGEN KLEINEN JUNGEN

Es war einmal ein guter, kleiner Junge, der hieß Jakob Blivens. Der gehorchte seinen Eltern stets, wie abgeschmackt und unvernünftig ihre Forderungen auch waren; und er lernte immer seine Aufgaben und kam nie zu spät in die Sonntagsschule. Er wollte nicht Stunden schwänzen, selbst wenn sein Verstand ihm sagte, daß es das Nützlichste sei, was er tun könne. Keiner von den anderen Jungen konnte je aus diesem klug werden, so sonderbar handelte er. Er log nie, wie dienlich es ihm auch gewesen wäre. Er sagte nur, es sei unrecht zu lügen, und das genügte für ihn. Er machte sich einfach lächerlich mit seiner Ehrlichkeit. Die sonderbare Art, die dieser Jakob hatte, übertraf alles Dagewesene. Er spielte sonntags nie Murmeln, nahm keine Vogelnester aus, gab den Drehorgelspielaffen keine heißen Pfennige; auch schien er kein Interesse an irgendwelcher vernünftigen Belustigung zu haben. Die andern Jungen suchten ständig nach einem Grund für dieses Verhalten, um Jakob zu verstehen, kamen aber zu keinem befriedigenden Schluß. Wie ich oben sagte, sie konnten nur zu einer Art unbestimmter Vorstellung gelangen, daß er „schwachköpfig" sei, und so nahmen sie ihn gefällig unter ihren Schutz und hielten alles Unangenehme sorgsam von ihm fern.

Dieser gute, kleine Junge las alle Sonntagsschulbücher; sie waren seine größte Freude. Das war das ganze Geheimnis. Er glaubte an die guten kleinen Jungen in den Büchern und hatte volles Vertrauen zu ihnen. Einem davon einmal lebend zu begegnen, war seine größte Sehnsucht, aber es geschah nie. Vielleicht starben sie alle vor seiner Zeit. Wenn er von einem ganz besonders guten las, blätterte er rasch bis zum Ende, um zu sehen, was aus ihm würde, weil er Tausende von Meilen gereist sein würde, um ihn anzustaunen; aber es nützte nichts; dieser gute kleine Junge starb unfehlbar im letzten Kapitel, und das Begräbnis war abgebildet, wie alle seine Verwandten und die Kinder aus der Sonntagsschule um sein Grab herumstanden in zu kurzen Hosen und Mützen, die zu groß waren, und wie alle in Taschentücher weinten, die anderthalb Ellen lang waren. Er wurde immer so angeführt, er konnte nie einen von den kleinen, guten Jungen sehen, weil diese immer im letzten Kapitel starben.

Jakob hatte den edlen Ehrgeiz, in ein Sonntagsschulbuch zu kommen. Er wünschte darin aufgenommen zu werden, mit Bildern, die ihn darstellten, wie er rühmlichst sich weigerte, seine Mutter zu belügen, und wie sie Freudentränen darüber vergoß; wie er auf den Türstufen stand und einer armen Bettlerin mit sechs Kindern einen Pfennig gab und ihr erlaubte, ihn ohne Zaudern auszugeben, aber nicht zu verschwenden, weil Verschwendung eine Sünde sei; wie er es heldenhaft ablehnte, den bösen Jungen zu verraten, der ihm immer auf seinem Schulweg an der Ecke auflauerte, ihn mit einer Latte über den Kopf schlug und ihn nach Hause jagte, indem er ihm nachrief: „hi! hi!“ Das war der Ehrgeiz des jungen Jakob Blivens. Er wünschte in ein Sonntagsschulbuch aufgenommen zu werden. Manchmal hatte er ein etwas unbehagliches Gefühl, wenn er überlegte, daß die guten, kleinen Jungen immer starben.

Er liebte das Leben, wißt ihr, und das Sterben war die unangenehstme Seite am Dasein eines Sonntagsschulbuchknaben. Er wußte, es war nicht gesund, gut zu sein. Er wußte, es war verhängnisvoller als die Schwindsucht, so übernatürlich gut zu sein wie die Jungen in den Büchern; er wußte, daß es keiner von ihnen lange hatte aushalten können, und es schmerzte ihn zu denken, daß, wenn sie ihn je in ein Buch aufnehmen würden, er es nie sehen würde, oder auch daß, wenn das Buch vor seinem Ende herauskäme, es nicht populär werden würde ohne die Abbildung seines Begräbnisses. Es würde gar kein richtiges Sonntagsschulbuch sein, wenn es nicht von dem Rat erzählte, den er der Gemeinde bei seinem Tode gab. So mußte er sich natürlich endlich entschließen, sein Möglichstes unter den gegebenen Verhältnissen zu tun – recht zu leben, sich hinzuschleppen, so lange er konnte, und seine Sterberede bereit zu haben, wenn seine Zeit käme.

Aber – ich weiß nicht, wie's kam, diesem guten, kleinen Jungen wollte nichts gelingen; nichts wurde bei ihm, wie es bei den guten, kleinen Jungen in den Büchern geschah. Sie hatten immer angenehme Zeit, und die bösen Jungen hatten die gebrochenen Beine, aber was ihn anbelangte, so war stets irgendwo eine Schraube locker, und es lief immer alles schief ab. Wenn er Jim Blake Äpfel stehlen sah und unter den Baum trat, um ihm vom bösen kleinen Jungen vorzulesen, der von des Nachbars Apfelbaum fiel und den Arm brach, fiel Jim auch vom Baum, aber er fiel auf ihn und brach seinen Arm, und Jim war ganz unverletzt. Jakob konnte das nicht verstehen – dergleichen hatte er nie in seinen Büchern gelesen.

Und einmal als einige böse Jungen einen Blinden stießen, daß er in eine Pfütze fiel, und Jakob hinzueilte, um ihm aufzuhelfen und seinen Segen zu empfangen, gab ihm der Blinde nicht etwa seinen Segen, sondern versetzte ihm eins mit dem Stock auf den Kopf und sagte, er solle sich nur hüten, ihn wieder hinzuwerfen und ihm dann scheinbar aufzuhelfen. Das stand in keinem von den Büchern, Jakob sah sie alle durch. *Ein* Ding wünschte Jakob sehnlichst, nämlich einen lahmen Hund zu finden, der kein Heim hätte und hungrig und verfolgt wäre, ihn nach Hause zu tragen, zu liebkosen und dann dieses Hundes unsterbliche Dankbarkeit zu besitzen. Schließlich fand er einen und war glücklich; er brachte ihn nach Hause und fütterte ihn, als es aber ans Liebkosen ging, fuhr der Hund auf ihn los, riß ihm alle Kleider vom Leibe außer denen, die er vorn trug, und machte ein staunenerregendes Schauspiel aus ihm. Jakob befragte seine Autoritäten, aber er konnte es nicht verstehen. Der Hund war von derselben Art wie die Hunde in den Büchern, aber er handelte anders. Alles, was dieser Junge tat, brachte ihn in Unannehmlichkeiten. Dieselben Handlungen, für die die Jungen in den Büchern belohnt wurden, erwiesen sich für ihn als die unvorteilhaftesten, die er nur begehen konnte.

Als er einmal auf dem Wege zur Sonntagsschule war, sah er einige böse Jungen sich zu einer Vergnügungsfahrt in einem Segelboot anschicken. Er war voll Bestürzung, weil er vom Lesen her wußte, daß Jungen, die am Sonntag Boot fahren, unfehlbar ertrinken. So lief er auf ein Floß, um sie zu warnen, aber ein Stamm drehte sich, als er darauf trat, er glitt aus und fiel in den Fluß. Zwar holte ihn ein Mann rasch heraus, und der Doktor pumpte das Wasser aus ihm und blies ihm mit dem Blasebalg Luft ein, aber er erkältete sich und lag neun Wochen krank im Bett. Aber das Unerklärlichste bei der Sache war, daß die bösen Jungen im Boot einen vergnügten Tag hatten und überraschend wohl und munter nach Hause zurückkehrten. Jakob Blivens meinte, das habe seinesgleichen nicht in den Büchern; er war vollkommen sprachlos vor Staunen.

Als er wieder genesen war, war er ein wenig entmutigt, aber er beschloß doch, weiter zu versuchen. Er wußte, daß bis jetzt seine Erfahrungen nicht in ein Buch paßten, aber er hatte ja noch nicht das Gute-Kleine-Knabenalter erreicht, und er hoffte noch einen Bericht liefern zu können, wenn er bis zum bestimmten Termin aushalten könnte. Wenn alles fehlschlug, blieb ihm ja immer noch seine Sterberede. Er befragte seine Bücher und fand, daß es nun Zeit für ihn sei, als Schiffsjunge zur See zu gehen. Er wandte sich an einen Kapitän und brachte sein Anliegen vor; als der Kapitän ihn nach seinen Empfehlungen fragte, zog er stolz ein Traktätchen aus der Tasche und zeigte auf die Worte: „Jakob Blivens gewidmet von seinem ihn zärtlich liebenden Lehrer." Aber der Kapitän war ein roher, ordinärer Mann, er meinte: Schockschwerenot! das wäre doch kein Beweis, daß er Schüsseln aufwaschen und mit dem Spüleimer umgehen könnte, und er könne ihn nicht gebrauchen. Das war nun wirklich das Außerordentlichste, das Jakob je in seinem Leben geschehen war. Ein Lob von einem Lehrer auf einem Traktat hatte nie verfehlt, die zärtlichsten Regungen der Schiffskapitäne zu erwecken und den Weg zu öffnen zu allen Ehrenämtern und reich besoldeten Stellen, die sie zu vergeben hatten – wahrlich, das hatte es nie gegeben in irgendeinem Buch, das er gelesen hatte. Er traute seinen Sinnen kaum.

Dieser Junge hatte immer Pech. Nichts schlug ihm nach Wunsch aus. Als er eines Tages böse kleine Jungen aufsuchte, um sie zu ermahnen, fand er eine ganze Menge in der alten Eisengießerei, wie sie einen kleinen Scherz losließen an vierzehn bis fünfzehn Hunden, die sie in langer Kette zusammengebunden hatten und eben mit an den Schwanz zu bindenden leeren Nitroglycerinflaschen schmücken wollten. Jakobs Herz war gerührt. Er setzte sich auf eine der Flaschen (denn Fettflecke beobachtete er nie, wenn er eine Pflicht zu tun hatte) und ergriff den vordersten Hund beim Halsband und haftete seinen tadelnden Blick auf den bösen Tom Jones. Aber gerade in diesem Augenblick kam der Rat Mc. Welter voll Wut herbei. Alle bösen Jungen rissen aus, aber Jakob Blivens erhob sich im Bewußtsein seiner Unschuld und fing eine von jenen stattlichen kleinen Sonntagsschulbuchreden an, die immer anfangen mit „O Herr!“, in geradem Widerspruch zu der Tatsache, daß kein Junge, sei er gut oder böse, je einen Satz anfängt mit „O Herr!“ Aber der Rat ließ ihn nicht weiter reden. Er faßte Jakob Blivens am Ohr, drehte ihn um und versetzte ihm mit der flachen Hand eins auf den Rücken. Im selben Augenblick aber fuhr der gute, kleine Junge durch das Dach hinaus und schwebte der Sonne zu, die Reste jener fünfzehn Hunde nach sich schleppend wie den Schwanz eines Drachen. Und nichts wurde auf dieser Erde mehr gesehen von jenem Rat und jener alten Eisengießerei; und was den jungen Jakob Blivens anbetrifft, hatte er nie Gelegenheit, seine Sterberede, mit der er sich soviel Mühe gegeben hatte, zu halten, wenn er sie nicht den Vögeln zum besten gab; denn wenn auch der größte Teil von ihm in einer benachbarten Provinz in einer Baumkrone hängenblieb, war doch das übrige rundumher in vier Stadtbezirke verteilt, und es mußte fünfmal Leichenschau gehalten werden, um herauszufinden, ob er tot sei oder nicht, und wie es geschah. Man hat noch nie einen so ‚zerstreuten' Jungen gesehen.*

So kam der gute, kleine Junge um, der sein Möglichstes im Gutsein tat, dem es aber nicht glückte wie in den Büchern. Jeder Junge, der je so handelte wie er, hatte Glück – er nicht. Sein Fall ist wirklich bemerkenswert. Er wird wahrscheinlich nie aufgeklärt werden.

* Diese Glycerinkatastrohe ist einem weitverbreiteten Zeitungsartikel entlehnt, dessen Verfasser ich gerne nennen würde, wenn ich ihn wüßte. (M.T.)

DER STREICH, DER JACKSONS GLÜCK MACHTE

Ein paar Jahre vor Ausbruch des Sezessionskriegs wurde es klar, daß Memphis, Tennessee, dereinst ein bedeutender Umschlagplatz für Tabak sein werde – kluge Köpfe erkannten die Vorzeichen. Natürlich hatte Memphis damals einen schwimmenden Landeplatz. Es gab am Ufer auch einen leicht ansteigenden, gepflasterten Stapelplatz, doch die Dampfer, die den Mississippi herauf oder herunter kamen, legten draußen an der schwimmenden Plattform an; geladen und gelöscht, vom Schiff zum Ufer, wurde über diese hinweg. Dazu bedurfte es einer Anzahl Angestellter, und diese hatten jeden Tag teils sehr viel, teils überhaupt nichts zu tun. Sie waren voller Leben und Übermut und mußten sehen, wie sie über die lästige Mußezeit hinwegkamen; dies geschah meistens, indem sie lustige Streiche ausheckten und einander zum besten hielten.

Zielscheibe dieser Streiche war sehr oft Ed Jackson, weil er sich selber nicht an solchen beteiligte und ein dankbares Objekt war, glaubte er doch alles, was man ihm erzählte.

Eines Tages weihte er die andern in seine Ferienpläne ein. Er hatte diesmal nicht im Sinn, fischen oder jagen zu gehen, nein, er hatte etwas Besseres vor. Von seinem Wochenlohn von vierzig Dollar hatte er sich im Laufe der Zeit so viel abgeknappt, daß er es sich gestatten konnte, einmal New York zu besichtigen.

Es war ein großartiges, ein erstaunliches Vorhaben, kam es doch damals einer halben Weltreise gleich. Zuerst glaubten die andern, Ed sei nicht recht bei Trost, doch als sie feststellen mußten, daß es ihm ernst war damit, begannen sie sich gleich zu überlegen, inwiefern sich hier Gelegenheit zu einem lustigen Streich bieten mochte.

Nach längerem Besinnen hielten sie eine geheime Beratung ab und entwarfen einen Plan. Einer der Verschwörer sollte Ed ein Empfehlungsschreiben an Kommodore Vanderbilt andrehen und dafür sorgen, daß er es auch vorwies. Damit hatte es keine Schwierigkeit. Eine andere Frage war, was hatten sie von Ed nach seiner Rückkehr zu gewärtigen? Das war eine ernste Sache. Er war zwar gutmütig und hatte sich ihre Streiche stets gefallen lassen, doch das waren nicht solche gewesen, die ihn gedemütigt oder beschämt hätten, während der neueste in dieser Hinsicht grausam war. Ed einen solchen Streich zu spielen, hieß mit dem Feuer spielen; bei all seiner Gutmütigkeit war er immerhin Südstaatler, und daß hieß im Klartext, daß er nach seiner Rückkehr so viele der Verschwörer niederstrecken würde, als er konnte, ehe er selber fiel. Indessen, man mußte das in Kauf nehmen; einen solchen Streich durfte man sich doch nicht entgehen lassen.

So wurde denn das Schreiben mit großer Sorgfalt und Kunstfertigkeit aufgesetzt. Unterzeichnet war es mit Alfred Fairchild, und der Ton war unbeschwert und freundschaftlich. Es stand darin, der Überbringer sei mit dem Sohn des Schreibenden eng befreundet, und der Kommodore möge dem Schreibenden zuliebe den jungen Unbekannten freundlich aufnehmen. Weiterhin stand da: „Es kann sein, daß Dir mein Name nach so langer Zeit entfallen ist, schließlich handelt es sich um Jugenderinnerungen, aber Du weißt sicher noch, wie wir damals den Obstgarten des alten Stevenson plünderten und wie wir, während er uns die Straße entlang verfolgte, querfeldein zu seinem Haus zurückliefen, wo wir bei seiner Köchin seine eigenen Äpfel gegen einen Hutvoll Berliner Pfannkuchen eintauschten; auch weißt Du bestimmt noch – ", und so weiter, und so fort, alle möglichen erfundenen Schülerstreiche und ausgefallenen Erlebnisse, wobei auch Namen erfundener Mitschüler eingeflochten waren, aber alles höchst anschaulich und charakteristisch.

Ohne eine Miene zu verziehen, fragte Charley Fairchild, ob Ed nicht ein Empfehlungsschreiben an den Kommodore Vanderbilt, den Multimillionär, haben möchte. Daß Ed verblüfft sein würde, war eingeplant.

„Was? Du kennst den berühmten Vanderbilt?"

„Nein, aber mein Vater kennt ihn. Sie waren Schulkameraden. Wenn du willst, schreibe ich hin und frage meinen Vater. Er gibt dir sicher gern einen Brief mit, mir zuliebe."

Ed fand kaum Worte, so erfreut und dankbar war er. Man ließ drei Tage verstreichen und steckte ihm dann den Brief zu. Er trat die Reise an, wobei er beim Abschied immer noch überschwenglich seinen Dank bezeugte. Als er außer Sichtweite war, lachten sich seine Freunde zuerst einmal die Hucke voll und wurden dann mit der Zeit stiller und weniger vergnügt. Da meldeten sich nämlich bereits wieder die Zweifel, ob es wirklich klug von ihnen gewesen war, Ed auf diese Art und Weise hereinzulegen.

In New York angekommen, fragte sich Ed zu Kommodore Vanderbilts Geschäftssitz durch und wurde dort in ein großes Vorzimmer gewiesen, wo an die zwanzig Leute geduldig warteten, bis sie an die Reihe kamen zu einer zweiminütigen Unterredung mit dem Millionär in seinem Privatbüro. Ein Bediensteter verlangte Jacksons Karte und erhielt statt dessen das Empfehlungsschreiben. Einen Augenblick später wurde Ed hereingerufen und fand Mr. Vanderbilt allein, mit dem Brief – offen – in der Hand.

„Bitte nehmen Sie Platz, Mr. – eh – "

„Jackson."

„Ah, nehmen Sie Platz, Mr. Jackson. Nach dem Anfang zu schließen, scheint der Brief von einem alten Freund zu sein. Gestatten Sie – ich will ihn rasch durchfliegen. Er sagt – also, da sagt er – ja, wer ist es denn eigentlich?" Er wandte das Blatt um und suchte nach der Unterschrift. „Alfred Fairchild – hm – Fairchild – der Name ist mir entfallen, aber das hat nichts zu sagen – Tausende von Namen sind mir schon entfallen. Er sagt da – hm – also, das ist nicht schlecht. Oh, das ist ungemein. Ich erinnere mich zwar nur schwach, aber mir ist doch – ach, es wird mir schon noch einfallen. Dann sagt er da – ach, das waren noch Zeiten! Wundervoll! Wie das einen zurückversetzt! Alles etwas verschwommen natürlich – es ist ja schon lange her – und dann die Namen. Einige sind zwar etwas blaß – aber passiert ist das sicher, meinem Gefühl nach. Es wird einem ja ganz warm ums Herz. Schön ist die Jugend! Na ja, ich muß wieder in die Alltagswelt zurück – das Geschäft ruft, und die Leute warten – das übrige lese ich dann heute nacht im Bett, im Gedenken an die gute alte Zeit.

Bestellen Sie Fairchild meinen Dank, wenn Sie ihn wiedersehen – ich glaube, ich nannte ihn Alf –, ich bin ihm überaus dankbar für die Erholung, die er mir da verschafft hat, und zu jedem Gegendienst bereit, sagen Sie ihm das. Und was Sie anbetrifft, junger Mann, Sie sind mein Gast. Sie können in jedem beliebigem Hotel hier absteigen. Bleiben Sie noch eine Weile sitzen, während ich die Leute abfertige, dann gehen wir miteinander nach Hause, und ich werde mich Ihrer annehmen, verlassen Sie sich drauf."

Ed blieb eine ganze Woche und hatte es so gut wie noch nie. Er ahnte nicht, daß der Kommodore ihn ständig im Auge behielt, daß er die ganze Zeit über gewogen und gemessen und erprobt und eingestuft wurde.

Ja, er hatte es so gut wie noch nie, schrieb aber kein einziges Mal nach Hause; er sparte alles auf, um es nach seiner Heimkehr zu erzählen. Zweimal wollte er anstandshalber seinen Besuch beenden, doch der Kommodore sagte: „Nein, warten Sie – überlassen Sie das mir, ich sag's Ihnen dann."

Damals war der Kommodore daran, einige dieser gewaltigen wirtschaftlichen Zusammenballungen ins Werk zu setzen – Vereinheitlichung der einander bekämpfenden Eisenbahnlinien, Zusammenfassung freischwebender und richtungsloser Handelstätigkeit in vorteilhaften Mittelpunkten –, und unter anderem hatte er mit seinem kaufmännischen Weitblick entdeckt, wie der Tabakhandel allmählich in Memphis zusammenlief, und er hatte beschlossen, sich dessen zu bemächtigen.

Am Ende der Woche sagte der Kommodore: „Jetzt können Sie nach Hause reisen. Doch zuerst wollen wir nochmals diese Sache mit dem Tabak besprechen. Ich kenne Sie jetzt. Ich weiß über Ihre Fähigkeiten so gut Bescheid wie Sie selbst, vielleicht noch besser. Sie verstehen diese Sache mit dem Tabak, Sie wissen, daß ich sie mir unter den Nagel reißen will, und Sie sind im Bild über die Mittel, mit denen ich das zu tun gedenke. Was ich brauche, ist ein Mann, der weiß, worauf ich hinaus will, der befähigt ist, mich in Memphis zu vertreten, ein Mann, dem ich die Leitung dieser wichtigen Sache anvertrauen kann. Sie sind dieser Mann."

„Ich?"

„Ja. Ihr Gehalt wird hoch sein – na klar –, schließlich vertreten Sie mich. Später werden Sie Gehaltserhöhung verdienen – und erhalten. Sie werden eine ganze Menge Mitarbeiter brauchen; suchen Sie sich ihre Leute selber aus – mit Umsicht. Stellen Sie niemand bloß freundschaftshalber ein; falls Sie aber die Wahl unter gleich gut geeigneten Leuten haben, nehmen Sie den Mann, den Sie kennen, den Freund, lieber als einen Unbekannten."

Nachdem sie so noch einiges besprochen hatten, sagte der Kommodore: „Auf Wiedersehen, junger Mann, und bestellen Sie Alf einen schönen Gruß von mir; ich bin ihm dankbar, daß er Sie mir geschickt hat."

Als Ed in Memphis anlangte, eilte er spornstreichs zum Landeplatz hinunter, um die große Neuigkeit an den Mann zu bringen und seinen Freunden gebührend dafür zu danken, daß sie ihm dieses Schreiben an Mr. Vanderbilt mitgegeben hatten. Es traf sich, daß gerade jeder Betrieb ruhte. Heiß loderte die Mittagssonne, und alles war wie ausgestorben. Doch als Ed sich zwischen den aufgestapelten Gütern durchschlängelte, sah er auf einem Stoß Getreidesäcke eine weißleinene Gestalt unter einem Sonnensegel schlafend ausgestreckt und sagte sich: „Da ist ja einer von ihnen." Er eilte hinzu. „Es ist Charley", sagte er sich dann. „Charley Fairchild – gut!" Und schon legte er dem Schlafenden liebevoll eine Hand auf die Schulter. Lässig machte dieser die Augen auf – ein Blick, und er erbleichte, wirbelte sich von seinem Lager herab, und im Nu war Ed allein, und Charley lief wie der Wind zum Ufer hinunter.

Ed war ganz verdattert. War denn Fairchild wahnsinnig geworden? Was bedeutete das nur? Langsam und bedächtig lenkte er seine Schritte dem Ufer zu, trat hinter einem Stapel hervor und stieß plötzlich auf zwei seiner Kollegen. Sie lachten über irgendeine Kleinigkeit, hörten seinen Schritt und schauten auf, gerade als er ihrer ansichtig wurde; sogleich verging ihnen das Lachen, und ehe noch Ed dazu kam, etwas zu sagen, waren sie schon auf und davon und flitzten wie gejagtes Wild über Fässer und Ballen hinweg. Wiederum blieb Ed wie erstarrt stehen. Was war denn nur in die Kerle gefahren? Völlig unerklärlich, wie sie sich da benahmen. Und damit war er bei der schwimmenden Plattform angelangt und begab sich an Bord – auch hier war alles still und menschenleer. Er schritt quer übers Deck, um eine Ecke herum, hörte ein inständiges „Du mein Gott!" und sah eine weißleinene Gestalt kopfüber ins Wasser stürzen.

Prustend und keuchend tauchte der Betreffende wieder auf und rief: „Geh weg! Laß mich in Frieden. Ich war's nicht, ich schwöre dir, ich war's nicht."

„Was denn nicht?"

„Du weißt doch –"

„Komm erst mal aus der Tunke raus! Wieso benehmt ihr euch alle so komisch? Was habe ich euch getan?"

„Du? Du hast doch gar nichts getan. Aber –"

„Also, was habt ihr dann gegen mich? Man könnte meinen, ich sei räudig, so wie ihr euch aufführt."

„Ja – hast du denn nichts gegen uns?"

„Nicht das geringste – wie kommst du denn da drauf?"

„Ehrenwort – nicht das geringste?"

„Ehrenwort." „Beschwör's!"

„Ich habe keine Ahnung, was das soll – aber meinetwegen, ich beschwör's."

„Du gibst mir die Hand drauf?"

„Aber gerne. Himmel, wenn ich doch endlich jemand die Hand schütteln könnte!"

Der im Wasser brabbelte vor sich hin: „Er hat Lunte gerochen und den Brief nie vorgezeigt – gut, ich bin nicht derjenige, der davon anfängt." Er turnte an Bord und trat heran, tropfnaß, wie er war, um Ed zu begrüßen. Dann erschien erst einer, bald darauf ein zweiter der Verschwörer vorsichtig auf der Bildfläche – bis an die Zähne bewaffnet –, sie sahen, wie die Sache stand, wagten sich heran und nahmen an der Verbrüderung teil.

Auf Eds Frage, wieso sie sich so merkwürdig verhalten hätten, antworteten sie ausweichend und gaben vor, es sei zum Spaß geschehen, um zu sehen, was er tun würde. Es war die beste Ausrede, die ihnen gerade einfiel. Und jeder dachte bei sich: „Er hat das Schreiben nie abgegeben, wir sind selber die Dummen; nur gut, daß er nichts davon ahnt. Wir werden uns hüten, darauf zu sprechen zu kommen."

Dann wollten sie natürlich hören, was er auf seiner Reise alles erlebt hatte, und er sagte: „Kommt alle aufs

Kesseldeck und bestellt euch zu trinken – ich halte euch frei und erzähle euch alles. Und heute abend seid ihr ebenfalls meine Gäste – da gibt es Austern und Betrieb!"

Als sie zu trinken hatten und die Zigarren angezündet waren, sagte Ed: „Also, ich gab den Brief bei Mr. Vanderbilt ab und – "

„Himmelherrgott!"

„Ach, hast du mich aber erschreckt! Was ist denn?"

„Oh – nichts, nichts. Ein Nagel auf der Sitzfläche hier", erklärte einer.

„Aber ihr habt es alle gerufen. Na, schön, wie ich da bei Mr. Vanderbilt den Brief – "

„Hast du ihn wirklich abgegeben?" Und sie schauten einander an, als verstünden sie die Welt nicht mehr.

Dann bequemten sie sich doch dazu, sich den Reisebericht anzuhören, der bald so unglaublich und so spannend wurde, daß es ihnen Sprache und Atem verschlug. Zwei Stunden lang brachten sie kein Wort hervor, saßen wie versteinert da und schlürften nur die märchenhafte Geschichte ein.

Schließlich war sie zu Ende, und Ed sagte: „Und alles das verdanke ich euch. Glaubt mir, ich werde an euch denken – die besten Freunde, die ein Mensch je gehabt hat. Ihr werdet alle einen Posten bekommen, ich brauche euch alle. Euch kenne ich schließlich – ihr seid zwar Spaßvögel, habt aber das Herz auf dem richtigen Fleck – und du, Charley Fairchild, sollst meine rechte Hand sein, weil du tüchtig bist und weil du mir zu diesem Schreiben verholfen hast, und auch deinem Vater zuliebe, der es für mich aufsetzte, und um Mr. Vanderbilt eine Freude zu machen, der ausdrücklich erklärte, es würde ihn freuen. Hier, stoßen wir auf den großen Mann an, prost!"

LASKAS KURZE BRAUTZEIT

Gewiß, ich gebe Ihnen gern jede gewünschte Auskunft über mich, Mr. Twain“, sagte sie mit ihrer sanften Stimme und ließ ihren Blick, der kein Falsch kannte, auf meinem Gesicht ruhen, „es ist ja sehr freundlich von Ihnen, mich sympathisch zu finden und Anteil an mir zu nehmen.“

Verträumt hatte sie sich mit einem bleiernen Messerchen speckiges Fett von den Wangen geschabt und es am Pelzärmel abgestrichen, während sie das Nordlicht betrachtete, welches mit seinen flammenden Lichtbändern die weiten Schneefelder und die erhaben sich auftürmenden Eisberge in alle Farben des Regenbogens tauchte, ein Anblick von fast unerträglicher Pracht und Schönheit. Doch nun faßte sie sich und schickte sich an, mir auf meinen Wunsch in aller Bescheidenheit ihre Lebensgeschichte zu erzählen.

Sie machte es sich auf dem Eisblock bequem, der uns als Sitzgelegenheit diente, und ich spitzte die Ohren.

Sie war zwanzig und nach Eskimo-Begriffen ein schönes Geschöpf; anderswo hätte man sie wohl vollschlank genannt. Hier galt sie als das bei weitem bezauberndste Mädchen des Stammes. Selbst jetzt, im Freien, mit ihrem klobigen Pelzmantel, ebensolchen Hosen, Stiefeln, der großen Kapuze kam wenigstens die Schönheit ihres Gesichts zum Vorschein; die Gestalt freilich war strikte Glaubenssache. Am gastfreien Trog ihres Vaters hatte ich unter all denen, die da kamen und gingen, nicht ihresgleichen gesehen. Dabei war sie keineswegs verwöhnt. Sie war von angenehmem Wesen, natürlich und offen, und wenn sie wußte, daß sie eine Schönheit war, ließ sie es sich jedenfalls nicht anmerken.

Seit einer Woche war ich jetzt mit ihr zusammen, und je besser ich sie kennenlernte, um so sympathischer war sie mir. Sie war liebevoll und sorgfältig auferzogen worden, in einer Umwelt von verfeinerter Lebensart, wie es sie in diesen nördlichen Breitengraden sonst nicht gab, verkörperte doch ihr Vater unter den Eskimo dieser Gegend den höchsten Rang. Ich unternahm mit Laska – so hieß sie – lange Hundeschlittenfahrten über die gefrorenen Gewässer und fand ihre Gesellschaft immer angenehm und das Gespräch mit ihr ersprießlich. Auch ging ich mit ihr fischen, allerdings, nicht in ihrem schwanken Boot; ich folgte ihr lediglich auf dem Eis und schaute zu, wie sie mit dem Speer treffsicher ihre Beute einbrachte. Ich begleitete sie auf die Seehundsjagd; mehrmals war ich dabei, während sie und ihre Angehörigen von einem gestrandeten Wal Speck abstachen; einmal begleitete ich sie auf die Bärenjagd, allerdings nur ein Stück weit, im Grunde habe ich nämlich Angst vor Bären. Inzwischen war sie dazu bereit, mit ihrer Geschichte zu beginnen, folgendermaßen:

„Unser Stamm war früher wie alle anderen Stämme von Ort zu Ort über die gefrorenen Meere gezogen, doch vor zwei Jahren hatte mein Vater es leid; er baute hier dieses hochherrschaftliche Haus aus gefrorenen Schneeblöcken – schauen Sie nur –, zweieinhalb Meter hoch und zwei- oder dreimal so lang wie jedes andere. Seither wohnen wir nun hier. Mein Vater ist sehr stolz darauf, begreiflicherweise. Es kann Ihnen ja nicht entgangen sein, wieviel schöner und vollständiger es ist, verglichen mit den meisten andern Wohnstätten. Sonst müssen sie es sich nochmals anschauen; Sie werden feststellen, daß es über luxuriöse Einrichtungen verfügt, die weit über den Durchschnitt hinausgehen. Zum Beispiel ist an dem Ende, das Sie die Stube genannt haben, das erhöhte Podium zur Unterbringung von Gästen und für die Mahlzeiten größer als irgendeines, das Sie je gesehen haben, nicht?"

„Doch, du hast recht, Laska, es ist das größte Podium, das ich je gesehen; selbst in den vornehmsten Häusern der Vereinigten Staaten gibt es nichts Ähnliches." Das Geständnis ließ Stolz und Freude in ihren Augen aufleuchten. Ich nahm mir vor, mich danach zu richten.

„Das habe ich mir gedacht, daß Sie überrascht sind", sagte sie. „Und dann noch etwas: Das Podium ist viel dichter mit Pelzen ausgelegt, als das sonst der Brauch ist, mit allen möglichen Pelzen – Seehund, Otter, Silberfuchs, Eisbär, Marder, Zobel –, alle nur erdenklichen Pelze in Hülle und Fülle, und dasselbe gilt für die Schlafbänke den Wänden entlang, die Eisblöcke, die Sie Betten nennen. Sind bei Ihnen zuhause Podium und Schlafbänke besser ausgestattet?"

„Nein, keineswegs, Laska – nicht die Spur!" Das freute Sie wieder. Natürlich hatte sie dabei nur die Zahl der Pelze im Sinn, für die ihr Vater, auf Bequemlichkeit bedacht, gesorgt hatte, nicht deren Wert. Ich hätte ihr mitteilen können, daß diese Massen von gediegenen Pelzen ein Vermögen darstellten – jedenfalls in Amerika –, aber das hätte sie nicht verstanden; Pelze gehörten nicht zu den Dingen, nach denen man bei ihr Reichtum maß. Ich hätte ihr sagen können, daß die Kleidung, die sie anhatte, ebenso wie die des gewöhnlichsten Menschen in ihrer Umgebung, zwischen zwölfhundert und fünfzehnhundert Dollar wert war und daß ich zuhause niemanden kannte, der in einem so kostbaren Aufzug fischen ging; aber das wäre über ihre Begriffe gegangen; deshalb schwieg ich lieber.

Sie fuhr fort: „Und dann die Abfallbottiche. Wir haben zwei in der Stube und zwei sonstwo im Haus. Es kommt sehr selten vor, daß jemand zwei in der Stube hat. Haben Sie zuhause deren zwei in der Stube?"

Die Erinnerung an diese Bottiche stieg mit unangenehm in die Nase, doch nahm ich mich zusammen, bevor sie dessen inne wurde, und erwiderte überschwenglich: „Weißt du, Laska, man sollte eigentlich nicht gering von seinem Vaterland reden, und du darfst es nicht weitersagen; was ich dir mitteile, ist streng vertraulich: Zu meiner Schande muß ich gestehen, daß in New York niemand, mag einer noch so reich sein, zwei Abfallkübel in seinem Wohnzimmer hat."

Entzückt klatschte sie in die pelzverhüllten Hände und rief: „Ach, das ist doch nicht Ihr Ernst. Das kann doch nicht Ihr Ernst sein."

„Doch, doch, es ist mein voller Ernst. Da ist dieser Vanderbilt, wohl der reichste Mann der Welt. Und dennoch, so leid es mir tut, ich muß zugeben, Vanderbilt hat keine zwei Abfallbottiche in seinem Wohnzimmer. Ja, er hat nicht einmal einen – soll mich der Blitz treffen, wenn das nicht wahr ist."

Sie machte große Augen und sagte dann gedehnt: „Merkwürdig – unglaublich – ich kann es gar nicht fassen. Ist er denn so arm?"

„Nein – das ist es nicht. Es handelt sich nicht um die Kosten, er – eh – weißt du, es sähe nach Protzentum aus. Ja, das ist's, daran liegt's; er ist im Grunde ein einfacher Mensch und jedem Protzentum abhold."

„Bescheidenheit ist an sich recht", bemerkte Laska, „wenn man sie nicht übertreibt – aber wie sieht es denn in der Wohnung aus?"

„Nun ja, etwas kahl und unfertig, aber – "

„Allerdings! Dergleichen habe ich noch nie gehört. Ist es ein schönes Haus – abgesehen davon?"

„Recht hübsch, gewiß. Es gilt als vornehm."

Das Mädchen schwieg eine Weile, wobei es verträumt an einem Kerzenstummel nagte, offenbar bestrebt, dieser Sache auf den Grund zu kommen. Schließlich warf Laska den Kopf zurück und gab mir ihre wohldurchdachte Meinung bekannt.

„Mir scheint, es gibt eine Art von Bescheidenheit, die selber einer Prahlerei gleichkommt. Wenn einer sich zwei Abfallbottiche in der Stube leisten kann und sie nicht aufstellt, ist er vielleicht wahrhaft bescheiden, hundertmal wahrscheinlicher ist aber, daß er bloß auffallen will. Meiner Meinung nach weiß Ihr Mr. Vanderbilt genau, was er tut."

Ich suchte ihr eine etwas bessere Meinung von ihm beizubringen, da ich fand, es gehe nicht an, diesen Maßstab an jedermann anzulegen, so gut er sich in seinem eigenen Bereich eignen mochte, doch Laska ließ es sich nicht ausreden.

Dann fragte sie: „Haben die reichen Leute bei Ihnen auch so gute Schlafbänke wie die unsern, aus schön breiten Eisblöcken?"

„Na ja, unsere Schlafstätten sind recht gut – gut genug, jedenfalls –, aber sie bestehen nicht aus Eisblöcken."

„Das möchte ich wissen! Wieso nicht?"

Ich erklärte ihr, was dem im Wege stand und wie teuer das Eis sei in einem Land, wo man scharf auf den Eisverbrauch aufpassen muß, wenn man nicht will, daß die Rechnung mehr wiegt als das Eis selber.

Darauf rief sie: „Du meine Güte, muß man denn bei Ihnen das Eis kaufen?"

„Allerdings."

Sie schüttete sich aus vor Lachen.

„Oh, so etwas Albernes habe ich überhaupt noch nie gehört!" rief sie. „Es ist doch im Überfluß vorhanden, es ist ja gar nichts wert. Kilometerweit nichts als Eis, so weit das Auge reicht. Ich gäbe keine Fischblase drum."

„Du weißt es eben nicht zu schätzen, du kleine Provinzmaus. Wenn einer im Hochsommer in New York all das Eis hätte, könnte er damit sämtliche Walfische auf dem Markt aufkaufen."

„Ist das wahr?" fragte sie ungläubig.

„Absolut. Ich schwöre es."

Sie dachte darüber nach und sagte dann mit einem Seufzer: „Ich wollte, ich könnte auch dort wohnen."

Ich hatte das mit dem Eis und den Walfischen nur vergleichsweise gemeint, war aber mißverstanden worden; sie hatte bloß den Eindruck gewonnen, Walfische seien in New York billig und reichlich vorhanden, so daß ihr das Wasser im Mund zusammenlief. Was hatte ich da angerichtet! Es schien mir geraten, den Eindruck etwas abzuschwächen.

„Wenn du dort wohntest, würdest du dir nichts aus Walfleisch machen. In New York ißt niemand Walfleisch."

„Was denn!"

„Nein, wirklich nicht."

„Wieso nicht?"

„Ach, was weiß ich. Vermutlich ein Vorurteil. Ja, das ist's – ein Vorurteil. Jemand, der gerade nichts Besseres zu tun hatte, nahm die Leute einst dagegen ein, und wenn sich so ein Vorurteil mal eingebürgert hat, ist es nicht mehr auszurotten."

„Das stimmt", sagte Laska nachdenklich, „Ja, das stimmt. Man denke an unser Vorurteil gegen die Seife – unsereins hatte früher ein Vorurteil gegen Seife, wissen Sie."

Ich streifte sie mit einem Blick, um zu sehen, ob es ihr ernst war damit. Offenbar war es ihr ernst. Ich wußte zuerst nicht, was sagen, und was fragte vorsichtig: „Früher, hast du gesagt? *Früher* hatten die Leute hier ein Vorurteil gegen Seife?"

„Ja – aber nur am Anfang; niemand wollte sie essen."

„Ach so, jetzt versteh ich."

Sie fuhr weiter: „Es war lediglich ein Vorurteil. Als Ausländer zum erstenmal Seife hierherbrachten, mochte sie niemand; aber dann kam man auf den Geschmack, und jetzt ist sie geradezu im Schwang. Jeder, der sich Seife leisten kann, hat welche. Mögen Sie sie auch?"

„Ja, gewiß. Ich könnte ohne Seife nicht leben, namentlich hier. Hast du sie gern?"

„Es geht mir nichts darüber. Haben Sie Kerzen gern?"

„Kerzen betrachte ich als lebensnotwendig. Und du?"

Sie strahlte förmlich und rief: „Ach, reden wir nicht davon. Kerzen! – und Seife!"

„Und Fischgekröse!“

„Und Tran!“ „Und Talg!“

„Und Speck vom Wal!“

„Mit Sauerkraut! Und Bienenwachs! Und Teer! Und Terpentinöl! Und Melasse! Und – “

„Bitte nicht – oh, bitte nicht! Mir wird ganz schwach vor Verzückung.“

„Und alles in einem Abfalleimer serviert, mit den Nachbarn von ringsherum als Gästen – ein großes Fest – “

Doch das erwies sich als zuviel für Laska, sie wurde mir ohnmächtig, die Ärmste. Ich rieb ihr das Gesicht mit Schnee ein und brachte sie so wieder zu sich.

Nach einer Weile legte sich ihr Gefühlssturm, und sie kam allmählich wieder auf ihre Geschichte zurück: „Vor zwei Jahren zogen wir also in dieses schöne Haus hier ein. Glücklich war ich trotzdem nicht. Das kam so: Ich bin für die Liebe geschaffen – ohne Liebe konnte es ein wahres Glück für mich nicht geben. Und zwar wollte ich um meiner selbst willen geliebt werden. Mich verlangte nach jemandem, den ich vergöttern konnte und der mich seinerseits vergötterte; mit weniger als gegenseitiger abgöttischer Verehrung gab ich mich nicht zufrieden. An Freiern fehlte es nicht – nein, wahrhaftig nicht. Doch alle hatten sie den einen verhängnisvollen Fehler; sie begehrten nicht mich, sie begehrten mein Hab und Gut – kein einziger war da, der sich nicht früher oder später verriet.“

„Dein Hab und Gut?“

„Ja, mein Vater ist nämlich der reichste Mann weit und breit.“

Ich fragte mich, worin wohl der Reichtum ihres Vaters bestehen mochte. Das Haus konnte es nicht sein

– jeder konnte sich ein ebensolches bauen. Auch die Pelze konnten es nicht sein – sie hatten ja hier keinen großen Wert. Es konnten weder die Schlitten sein noch die Hunde, die Harpunen, das Boot, die beinernen Angelhaken und Nähnadeln, und dergleichen mehr – nein, das alles stellte noch lange nicht Reichtum dar. Was konnte es denn bloß sein, was den Mann so wohlhabend machte und einen Schwarm von habgierigen Freiern anlockte? Schließlich verfiel ich darauf, sie ganz einfach zu fragen. Laska war so offensichtlich erfreut über die Frage, daß mir klar wurde, wie sehr sie darauf gewartet hatte. Sie war ebenso erpicht darauf, es mir zu sagen, wie ich, es zu erfahren.

Zutraulich kuschelte sie sich an mich heran und sagte: „Raten Sie mal, wieviel er sein eigen nennt – Sie kommen nie drauf!"

Ich tat, als lasse ich mir die Sache durch den Kopf gehen, wobei sie mein Stirnrunzeln mit freundlicher Teilnahme verfolgte; und als ich es schließlich aufgab und sie flehentlich bat, es mir doch lieber zu sagen, wieviel dieser Eskimo-Vanderbilt sein eigen nannte, flüsterte sie mir dramatisch ins Ohr: „Zweiundzwanzig Angelhaken, nicht beinerne – ausländische, aus echtem Metall!"

Dann trat sie einen Schritt zurück, um die Wirkung zu beobachten.

Ich tat mein Bestes, sie nicht zu enttäuschen, erbleichte und stieß hervor: „Donnerwetter!"

„So wahr ich lebe, Mr. Twain!"

„Laska, du schwindelst – das kann doch nicht sein."

Betroffen rief sie: „Mr. Twain, es ist wahr, glauben Sie mir – Sie glauben mir doch? Bitte, sagen Sie, daß Sie mir glauben!"

„Ich – nun ja, ich glaube dir – ich gebe mir alle Mühe. Aber es kam so unerwartet. Du darfst einen doch nicht dermaßen über den Haufen rennen! Es – “

„Oh, das tut mir leid! Ich hätte dran denken sollen – “

„Schon gut, ich mach dir keinen Vorwurf, schließlich bist du jung und arglos und konntest dir nicht vorstellen, welch eine Wirkung – “

„Ach, ich hätte das nicht tun sollen, ich – “

„Siehst du, Laska, wenn du gesagt hättest, fünf oder sechs Haken, um mich schonend vorzubereiten, und dann allmählich – “

„Ach so, ja klar – noch einen dazu, und dann noch zwei, und so weiter – warum ist mir das nicht eingefallen!“

„Laß gut sein, Laska, ich fühle mich bereits besser – binnen kurzem habe ich mich von dem Schreck erholt. Aber – einem, der nicht darauf gefaßt ist, gleich mit allen zweiundzwanzig zu kommen – “

„Oh, das war sträflich! Aber Sie verzeihen mir doch – sagen Sie, daß Sie mir verzeihen, bitte!“

Ich ließ es mir geraume Weile auf die entzückendste Art abschmeicheln, bevor ich ihr verzieh. Erst dann war sie zufrieden und nahm mit der Zeit ihre Erzählungen wieder auf. Es stellte sich bald heraus, daß der Familienschatz noch ein weiteres Stück enthielt – eine Art Juwel, schien es –, und sie redete bloß deshalb darum herum, weil sie mich nicht noch einmal tödlich erschrecken wollte. Aber ich mußte das unbedingt auch noch wissen und drang in sie, es mir doch zu sagen. Sie hatte Angst. Doch ich ließ nicht locker, versicherte ihr, ich werde mich diesmal wappnen, dann könne der Schreck mich nicht umwerfen. Es war ihr gar nicht wohl bei der Sache, aber die Versuchung, mir das Wunder aller Wunder zu enthüllen und sich an meiner Verblüffung zu weiden, erwies sich als allzu stark, und sie gestand, sie trage das Ding auf sich, und wenn ich bestimmt auf alles gefaßt sei, und so weiter und so fort – und damit langte sie in ihren Busen und holte ein zerbeultes Messingplättchen hervor, während sie kein Auge von mir verwandte. Ich kippte in einem gut gespielten Ohnmachtsanfall gegen sie, was sie zugleich erfreute und erschreckte. Als ich wieder zu mir kam, wollte sie unbedingt wissen, was ich von ihrem Schmuckstück halte.

„Was ich davon halte? Es ist das auserlesenste Stück, das ich je gesehen habe."

„Wirklich? Nett von Ihnen, das zu sagen. Aber es ist tatsächlich ein Prachtstück, nicht?"

„Allerdings! Ich gäbe den ganzen Äquator darum."

„Ich habe mir gedacht, daß es Ihnen gefällt", sagte sie. „Mir gefällt es ausnehmend. Und es gibt weit und breit kein zweites Stück. Die Leute kommen von weither gereist, um es zu besichtigen. Haben Sie schon einmal eins gesehen?"

Ich sagte nein, es sei das erste, das mir je vor Augen gekommen sei. Eine Notlüge, die mich schwer ankam. In Wirklichkeit hatte ich schon Tausende und Abertausende davon gesehen, war dieses Schmuckstück doch nichts anderes als eine alte Gepäckmarke, wie man sie im New Yorker Zentralbahnhof bekommt.

„Herrgott!" rief ich aus. „Sie werden doch damit nicht herumlaufen, allein und ohne jeden Schutz, nicht einmal einen Hund dabei!"

„Pst, nicht so laut!“ sagte sie. „Kein Mensch weiß, daß ich das Ding auf mir trage. Man glaubt, es sei in Vaters Schatzkästlein. Meistens ist es ja dort.“

„Und wo befindet sich dieses Schatzkästlein?“

Das nennt man mit der Tür ins Haus fallen, und Laska schaute betroffen drein und etwas mißtrauisch.

„Ach, vor mir brauchst du keine Angst zu haben“, redete ich ihr zu. „In Amerika gibt es Millionen von Einwohnern, und nicht ein einziger ist darunter – wenn ich es auch selber sage –, der mir nicht Angelhaken in unbeschränkter Zahl anvertrauen würde.“

Damit war sie wieder beruhigt. Sie teilte mir mit, wo im Haus die Angelhaken versteckt waren. Dann schweifte sie ab und kam auf die Größe der durchsichtigen Eisplatten zu sprechen, die bei dem hochherrschaftlichen Haus die Fenster bildeten; sie fragte mich, ob ich zuhause je ihresgleichen gesehen hätte, und ich machte kein Hehl daraus, daß das nicht der Fall war, was sie über die Maßen erfreute.

Es war so leicht, ihr Freude zu bereiten, und es war so erfreulich, es zu tun, daß ich gleich weiterfuhr. „Ah, Laska, du kannst von Glück sagen! – das schöne Haus hier, das kostbare Schmuckstück, dieser reiche Schatz, all dieser elegante Schnee, die prachtvollen Eisberge, die grenzenlose Unproduktivität, die öffentlichen Eisbären und Walrosse, dazu Freiheit und Weiträumigkeit und jedermanns Bewunderung und Huldigung, ohne daß du einen Finger zu rühren brauchst; du bist jung, reich, schön, begehrt, umworben, beneidet – nichts, was dir fehlte, kein Wunsch, der unerfüllt bliebe – du kannst wirklich von Glück sagen! Ich habe schon Myriaden von Mädchen gesehen, aber kein einziges, von dem sich alles das wahrheitsgemäß berichten ließe. Nur du bist dessen würdig, Laska, davon bin ich zutiefst überzeugt."

Es erfüllte sie mit Stolz und Freude, mich das sagen zu hören, namentlich die letzte Bemerkung, für die sie mir nicht genug danken konnte; Stimme und schmelzender Blick verrieten, daß sie gerührt war.

Mit der Zeit sagte sie dann: „Immerhin, es ist nicht alles eitel Licht und Sonnenschein – es gibt auch Schatten. Man trägt schwer am Reichtum. Bisweilen habe ich mich gefragt, ob es nicht besser wäre, arm zu sein – wenigstens nicht übermäßig reich. Es schmerzt mich, wenn Stammesgenossen mich im Vorüberziehen anstarren und zueinander tuscheln: ‚Dort – das ist sie – die Millionärstochter!' Und manchmal sagen sie betrübt: ‚Sie schwimmt in Angelhaken – und ich besitze nichts.' Es bricht mir das Herz. Als ich noch ein Kind war und mein Vater arm, konnten wir bei offener Tür schlafen, wenn wir wollten, doch jetzt – jetzt benötigen wir einen Nachtwächter. Damals war mein Vater liebenswürdig und höflich mit allen, jetzt ist er streng und hochfahrend und duldet keinerlei Vertraulichkeit. Einst galt sein ganzes Sinnen und Trachten der Familie; jetzt denkt er an nichts als an seine Angelhaken. Und weil er so reich ist, benehmen sich die Leute ihm gegenüber liebedienerisch und unterwürfig. Früher lachte kein Mensch über seine Witze, schwach und abgedroschen, wie diese sind, ohne das, was einen Witz eigentlich erst rechtfertigt – ohne Humor; doch jetzt lacht und wiehert jedermann über das traurige Zeug, und falls jemand davon absieht, ist mein Vater ungehalten und läßt den Betreffenden darüber nicht im Zweifel. Früher hat man nie seine Meinung in irgendeiner Frage eingeholt, und wenn er sie unaufgefordert zum besten gab, hielt man nicht viel davon; sie ist auch jetzt nicht viel wert, wird aber stets eingeholt und beifällig aufgenommen – und er ist imstande, selber in den Beifall einzustimmen, so sehr fehlt es ihm an Feingefühl und Takt. Der ganze Stamm ist infolgedessen nicht mehr, was er früher war. Einst redeten die Leute frank und frei, jetzt sind sie erbärmliche Heuchler und Speichellecker. Ach, die Millionäre mit ihrem ganzen Drum und Dran – sie sind mir zutiefst verhaßt! Vor Zeiten war unser Stamm ein einfacher, mannhafter Menschenschlag und zufrieden mit den beinernen Angelhaken der Vorväter; jetzt verzehren sich die Leute vor Geiz und sind bereit, jedes Ehrgefühl hintanzusetzen, um in den Besitz der eisernen Angelhaken aus dem Ausland zu gelangen. Aber ich darf mich nicht mit diesen betrüblichen Umständen aufhalten. Wie bereits bemerkt, war es mein Traum, um meiner selbst willen geliebt zu werden.

Zu guter Letzt schien mein Traum doch noch in Erfüllung zu gehen. Ein Fremder kam vorbei, der sagte, er heiße Kalula. Ich nannte ihm meinen Namen, und er sagte, er liebe mich. Mein Herz hüpfte vor Dankbarkeit und Freude, hatte ich mich doch auf den ersten Blick in ihn verliebt, und das gestand ich ihm nun auch. Er schloß mich in seine Arme und sagte, glücklicher als jetzt begehre er überhaupt nie zu sein. Zusammen schlenderten wir weit über die Eisfelder hin, schütteten einander gegenseitig das Herz aus und schmiedeten, oh, die schönsten Zukunftspläne! Als wir müde wurden, setzten wir uns hin, um etwas zu essen; er hatte nämlich Seife und Kerzen bei sich, und ich hatte etwas Walspeck mitgebracht. Wir beide hatten Hunger, und nichts hatte uns je besser geschmeckt.

Er gehörte zu einem Stamm, dessen Jagdgründe weit im Norden lagen, und ich stellte zu meiner großen Genugtuung fest, daß er noch nie von meinem Vater gehört hatte. Das heißt, von dem Millionär hatte er natürlich gehört, kannte aber dessen Namen nicht – konnte also auch nichts von meiner reichen Anwartschaft wissen. Daß er es von mir nicht erfuhr, ist klar. Endlich wurde ich um meiner selbst willen geliebt. Ich war ja so glücklich – glücklicher, als man sich das vorstellen kann!

Bald wurde es Zeit zum Abendessen, und ich geleitete Kalula heim. Als wir uns dem Haus näherten, rief er voller Erstaunen: ‚Prachtvoll! Gehört das deinem Vater?'

Es gab mir einen Stich, als ich diesen Ton hörte und in seinem Blick Bewunderung aufleuchten sah, doch das ungute Gefühl ging rasch vorüber, liebte ich ihn doch, und er sah so stattlich und vornehm aus. Alle meine Angehörigen, einschließlich der Tanten und Onkel, Vettern und Basen, waren mit ihm zufrieden, und viele Gäste wurden herbeigerufen, das Haus wurde dichtgemacht, die Tranlampen wurden angezündet, und als der Raum zum Ersticken heiß und bequem war, lagerten wir uns zur Feier meiner Verlobung zu einem großen Festessen.

Als dieses vorüber war, wurde mein Vater wieder einmal vom Besitzerstolz gepackt; er konnte der Versuchung, seinen Reichtum vorzuführen, nicht widerstehen; Kalula sollte nur staunen, in welch reiche Verhältnisse er da geraten war – vor allem wollte er sich natürlich an der Überraschung des Ärmsten weiden. Ich hätte losheulen können – doch jeder Versuch, meinen Vater davon abzubringen, war von vornherein zum Scheitern verurteilt; so schwieg ich denn und ließ den Dingen wohl oder übel ihren Lauf.

Mein Vater trat vor allen Gästen geradewegs zu dem Versteck hin, holte die Angelhaken hervor, kam damit zurück und warf sie über meinen Kopf hin, so daß sie in glitzerndem Durcheinander auf das Podium fielen, wo mein Geliebter kniete.

Natürlich verschlug es ihm den Atem. Er konnte nur große Augen machen und staunen, wie ein einzelner zu solch unglaublichem Reichtum kommen konnte. Schließlich schaute er auf und rief: ‚Ah, *Sie* sind der berühmte Millionär!'

Mein Vater brach nebst allen anderen in herzliches Gelächter aus, und wie er dann seinen Schatz wieder zusammenlas, als sei es Mumpitz und ohne jeden Belang, da hätten Sie das Gesicht sehen sollen, das der arme Kalula machte!

‚Ist es die Möglichkeit!' sagte er ganz verdattert. ‚Sie tun dergleichen Dinge weg, ohne sie zu zählen?'

Mein Vater brach wiederum in ein prahlerisch-wieherndes Gelächter aus und sagte: ‚Man sieht, daß du noch nie reich gewesen bist, sonst wären ein paar Angelhaken für dich nicht eine so großmächtige Sache.'

Kalula war betroffen und ließ den Kopf hängen, sagte aber: ‚Ach ja, ich habe noch nie so viel mein eigen genannt, wie auch nur einer dieser kostbaren Haken wert ist, und ich habe noch nie jemanden gesehen, der daran so reich gewesen wären, daß sich das Zählen gelohnt hätte; der reichste Mann, den ich je gekannt, besaß nur deren drei.'

Es war einfältig von ihm, aber mein Vater lachte wiederum schallend wie ein Kind und ließ die Anwesenden im Glauben, er habe nicht die Gewohnheit, seine Angelhaken zu zählen und auf sie aufzupassen. Das war natürlich reine Angeberei. Zählen? Er zählte sie ja jeden Tag!

Ich hatte meinen geliebten Kalula in der Morgenfrühe kennengelernt und ihn drei Stunden später, als es dunkel wurde, nach Hause gebracht – es ging damals der sechsmonatigen Nacht entgegen, und die Tage waren schon recht kurz. Das Fest dauerte viele Stunden. Schließlich verabschiedeten sich die Gäste, wir verteilten uns auf die Schlafbänke den Wänden entlang, und bald weilten alle außer mir im Land der Träume. Ich war allzu freudig erregt, um Schlaf zu finden. Nachdem ich eine Zeitlang still dagelegen hatte, bewegte sich eine schattenhafte Gestalt an mir vorbei und verschwand im Düster, das am anderen Ende des Raumes herrschte. Ich konnte nicht erkennen, wer es war, nicht einmal, ob Mann oder Frau. Bald danach kam dieselbe Gestalt oder eine andere in der entgegengesetzten Richtung an mir vorbei. Was mochte das bedeuten? Es hatte keinen Sinn, darüber Mutmaßungen anzustellen, und während ich noch mutmaßte, schlief ich ein.

Ich weiß nicht, wie lange ich geschlafen hatte, als ich auf einmal hellwach war und meinen Vater in einem entsetzlichen Ton ausrufen hörte: ‚Verflucht nochmal, es fehlt ein Angelhaken!' Mir schwante nichts Gutes, fast stand mir das Herz still. Meine Vorahnung bewahrheitete sich sogleich. ‚Auf, auf, alle miteinander', rief mein Vater, ‚ergreift den Fremden!' Darauf entstand ein Gewirr von Stimmen und von Fluchworten; Schattengestalten huschten durch das Dunkel. Ich wollte Kalula zu Hilfe eilen, aber er war bereits umringt und wurde an Händen und Füßen gefesselt. Erst dann ließ man mich zu ihm hin. Ich warf mich auf den armen überwältigten Geliebten und weinte mich an seiner Brust aus, während mein Vater und alle Angehörigen mich verhöhnten und bedrohlich mit Schmähungen überhäuften. Kalula ertrug die schimpfliche Behandlung mit Würde, was mich noch mehr für ihn einnahm und es mir leicht machte, mit ihm und für ihn zu leiden. Ich hörte meinen Vater Anweisung geben, man möge die Stammesältesten zusammenrufen, um über Kalula zu Gericht zu sitzen.

‚Was?' rief ich, ‚bevor man den verlorenen Angelhaken überhaupt gesucht hat?'

‚Den verlorenen Angelhaken!' hieß es höhnisch, und mein Vater setzte anzüglich hinzu: ‚Zurücktreten, ihr da, verkneift euch das Lachen – sie will den verlorenen Angelhaken aufstöbern; kein Zweifel, sie wird ihn finden!' Worauf alle wieder in Gelächter ausbrachen.

Ich fühlte mich gar nicht betroffen, hegte keinerlei Befürchtungen, keinerlei Zweifel; ich sagte lediglich: ‚Jetzt könnt ihr lachen, die Reihe ist an euch. Doch wartet nur, wir kommen auch noch dran.'

Ich nahm die Taschenlampe und begann zu suchen, so zuversichtlich, daß den Umstehenden das Lachen verging und sie schon glaubten, voreilig gehandelt zu haben. Ich war überzeugt, das läppische Ding im Handumdrehen zu finden, doch leider, leider – ach, bitter war das, diese Suche! Eine Weile herrschte tiefe Stille, dann entsank mir der Mut, und ringsum wurden wieder Spottreden laut, und immer lauter, bis sie schließlich, als ich es aufgab, in wahrhafte Lachsalven ausarteten.

Niemand wird je wissen, was ich damals litt. Einzig Kalula hielt zu mir, wie ich zu ihm, und ich nahm den Platz an seiner Seite ein, der mir zukam, legte einen Arm um ihn und sagte ihm leise ins Ohr: ‚Du bist unschuldig, mein ein und alles – das weiß ich, aber sag es selber, mir zum Trost, dann kann ich ertragen, was immer uns bevorsteht.'

Er antwortete: ‚Du kannst ganz ruhig sein, o schwergeprüftes Herz. So gewiß ich gegenwärtig an der Schwelle des Todes stehe, so gewiß bin ich unschuldig. Dir zum Trost sei es gesagt.'

‚So mögen denn die Stammesältesten kommen!' Während ich es sagte, hörte man draußen den Schnee knirschen, immer deutlicher, und dann sah man gebückte Gestalten, eine hinter der anderen, hereinkommen – die Stammesältesten.

Mein Vater erhob in aller Form Anklage gegen Kalula und schilderte die Ereignisse der vergangenen Nacht aufs genaueste. Der Nachtwächter habe sich außerhalb des Eingangs aufgehalten, erklärte er, und im Haus drin hätten sich lediglich die Familie und der Fremde befunden. ‚Ist es wahrscheinlich, daß eine Familie sich selber bestiehlt?'

Er hielt inne. Ohne ein Wort saßen die Stammesältesten geraume Weile da; schließlich sagte einer nach dem anderen zu seinem Nachbarn: ‚Es sieht schlimm aus für den Fremden' – Worte, die nichts Gutes verhießen. Dann setzte sich mein Vater hin. Ach, ich elendes Geschöpf, jederzeit hätte ich die Unschuld meines Geliebten beweisen können, nur wußte ich es nicht!

Derjenige, der den Vorsitz führte, fragte: ‚Hat jemand etwas zur Verteidigung des Angeklagten vorzubringen?'

Ich erhob mich und sagte: ‚Warum sollte ausgerechnet er diesen Angelhaken oder sonst einen oder alle miteinander stehlen: Noch einen Tag, und er wäre der voraussichtliche Erbe des ganzen Schatzes gewesen.‘

Ich stand da und wartete. Eine lange Stille trat ein, wobei der Atemhauch der Anwesenden ringsum wie Nebelschwaden aufstieg. Schließlich sah man einen Stammesältesten nach dem anderen bedächtig nicken und leise vor sich hin sagen: ‚Es läßt sich hören, was das Kind gesagt hat.‘ Das gab mit wieder Auftrieb, nur vorübergehend, aber doch hochwillkommen. Ich setzte mich.

‚Falls jemand noch etwas zu sagen hat, soll er es jetzt sagen oder dann in alle Zukunft den Mund halten.‘

Mein Vater erhob sich und sprach. ‚In der Nacht bewegte sich eine Gestalt im Dunkeln an mir vorbei, auf das Schatzkästlein zu, und kam bald wieder zurück. Ich glaube jetzt, es war der Fremde.‘

Ach, mir schwanden fast die Sinne. Ich hatte gewähnt, nur ich wisse davon; keine zehn Walrosse hätten mir das Geheimnis entreißen können.

‚Sprich!‘ sagte der Vorsitzende streng zu Kalula.

Dieser zögerte, dann gab er zur Antwort: ‚Ich war's. Der Gedanke an die wunderschönen Angelhaken ließ mir keine Ruhe. Ich ging hin, nahm sie heraus, führte sie an die Lippen, streichelte sie – alles nur, um mich innerlich zu beschwichtigen. Dann tat ich sie wieder zurück. Vielleicht habe ich einen fallen gelassen, aber gestohlen habe ich keinen.‘

Ach, es war unter den obwaltenden Umständen ein verhängnisvolles Eingeständnis! Es wurde nun furchtbar still. Ich wußte, er hatte damit sein Todesurteil gesprochen. Alles war vorbei, an jedem Gesicht ließen sich die Worte ablesen: ‚Es ist ein Geständnis – noch dazu ein höchst fadenscheiniges!'

Mein Atem kam stoßweise; ich wartete. Nicht lange, und ich hörte die Worte, die kommen mußten, und jedes war für mich ein Messerstich ins Herz.

‚Das Gericht befindet, der Angeklagte sei der Wasserprobe zu unterwerfen.'

Verflucht sei derjenige, der die sogenannte Wasserprobe bei uns eingeführt hat! Sie kam vor vielen Menschenaltern aus einem fernen Land zu uns, keiner weiß woher. Bis dahin hatten sich unsere Vorfahren auf Wahrsager und andere zweifelhafte Methoden verlassen; dabei mögen bisweilen arme schuldige Geschöpfe der gerechten Strafe entgangen sein; bei der Wasserprobe war das ausgeschlossen. Sie stammt von weiseren Menschen, als wir arme unwissende Eskimo es sind. Wer unschuldig ist, erweist sich dabei unwiderlegbar als unschuldig – er ertrinkt; wer schuldig ist, erweist sich mit der gleichen Gewißheit als schuldig – er ertrinkt nämlich nicht. Es zerstückelte mir das Herz, denn ich mußte mir sagen: ‚Er ist unschuldig und wird untergehen; ich werden ihn nie mehr erblicken.'

Von da an wich ich nicht mehr von seiner Seite. All die kostbaren Stunden trauerte ich in seinen Armen, und er überschüttete mich mit seiner aus tiefstem Seelengrund aufquellenden Liebe, und ach, ich war ja so elend und so glücklich! Schließlich zerrte man mich von ihm weg; ich folgte ihnen schluchzend und sah, wie man ihn ins Meer schleuderte – dann barg ich das Gesicht in den Händen. Seelenqual? Ich weiß, was das Wort bedeutet.

Im nächsten Augenblick hörte ich schadenfreudiges Geschrei, nahm erschreckt die Hände vom Gesicht und sah – wie er schwamm!

Sogleich verhärtete sich etwas in mir, wurde eiskalt. ‚Er ist schuldig', sagte ich mir. ‚Er hat mich angelogen'.

Ich kehrte mich voller Verachtung ab und machte mich auf den Weg nach Hause.

Man brachte ihn weit aufs offene Meer hinaus, wo man ihn auf einem Eisberg aussetzte, der nach Süden trieb. Dann kamen meine Angehörigen wieder zurück, und mein Vater sagte zu mir: ‚Dein sauberer Kumpan läßt dir folgende letzte Botschaft zukommen: ‚Sagen Sie ihr, daß ich unschuldig bin und daß ich all die Tage und Stunden und Minuten, während ich verhungere und so zugrunde gehe, nur liebevoll an sie denken werde und an den seeligen Tag, da ich ihr liebliches Gesicht zum erstenmal erblickte! Hübsch, geradezu künstlerisch!'

Ich aber sagte: ‚Er gehört zum Abschaum der Menschheit – ich will seinen Namen nie mehr hören.' Dabei war er die ganze Zeit unschuldig!

Neun Monate, neun trübselige Monate verstrichen, und schließlich rückte der Tag heran, wo alle Mädchen des Stammes sich das Gesicht waschen und das Haar kämmen. Schon beim erstenmal, als ich mit dem Kamm durchs Haar fuhr, kam der unheilvolle Angelhaken zum Vorschein; all die Monate hindurch hatte er da gesteckt. Mir wurde flau, und ich fiel meinem reumütigen Vater in die Arme. Er stöhnte ‚Wir haben ihn ermordet', sagte er, ‚und ich werde nie wieder lächeln.' Er hat Wort gehalten. Denken Sie: Von jenem Tag an ist bis heute kein Monat vergangen, wo ich mich nicht gekämmt hätte. Doch was nützt das jetzt."

So endete die anspruchslose kleine Geschichte des Eskimomädchens, aus der sich entnehmen läßt, daß hundert Millionen in New York und zweiundzwanzig eiserne Angelhaken im Grenzgebiet der Arktis einem dieselbe Machtstellung verschaffen, so daß es dumm ist von einem armen Schlucker, wenn er in New York bleibt, wo er sich doch für wenig Geld eine Handvoll Angelhaken kaufen und damit auswandern kann.

2. Kapitel: Der kluge Anstreicher

Der Samstagmorgen war gekommen; die ganze sommerliche Welt war strahlend frisch und bis zum Überströmen vom Leben erfüllt. In jedem Herzen erklang ein Lied, und war das Herz jung, dann drang die Melodie auch über die Lippen. In jedem Gesicht lag Fröhlichkeit und in jedem Schritt federnde Kraft. Die Robinien standen in voller Blüte, und ihr Duft erfüllte die Luft.

Der Cardiff-Hügel, der sich auf der anderen Seite über die kleine Stadt erhob, war mit üppigem Grün bedeckt, und er lag gerade fern genug, um als ein „Gelobtes Land“ zu scheinen, träumerisch, ruhevoll und einladend.

Auf dem Bürgersteig erschien Tom mit einem Eimer Weißkalk und einem langstieligen Pinsel. Er besah sich den Zaun, und die Natur verlor ihren frohen Glanz; tiefe Schwermut senkte sich auf sein Gemüt. Ein dreißig Yard langer, drei Yard hoher Zaun! Das Leben schien ihm hohl und leer und das Dasein nichts als eine Last. Seufzend tauchte er den Pinsel ein und ließ ihn über die oberste Planke gleiten; er wiederholte das Verfahren, und dann noch ein zweites Mal, verglich den unbedeutenden Streifen Tünche mit dem sich weithin erstreckenden Kontinent ungeweißten Zaunes und setzte sich entmutigt auf die Verschalung eines Baumes. Aus dem Tor kam mit einem Blecheimer in der Hand Jim herausgehüpft; er sang „Die Frauen von Buffalo“. Bisher war es in Toms Augen immer eine scheußliche Arbeit gewesen, Wasser von der Gemeindepumpe zu holen, jetzt aber kam es ihm nicht so vor. Er dachte daran, daß es an der Pumpe ja Gesellschaft gab. Dort warteten ständig Jungen und Mädchen, Neger und Mulatten, bis sie an der Reihe waren, ruhten sich währenddessen aus, tauschten Spielsachen miteinander, zankten sich, prügelten sich und tollten herum. Er dachte auch daran, daß Jim, obgleich die Pumpe nur hundertfünfzig Yard entfernt stand, nie vor einer Stunde mit einem Eimer Wasser zurückkehrte, und selbst dann mußte ihn gewöhnlich jemand holen gehen. Tom sagte: „Hör mal, Jim, ich hol das Wasser, wenn du ein bißchen streichst."

Jim schüttelte den Kopf und antwortete: „Geht nicht, Master Tom. Die alte Missis, die hat gesagt, ich soll Wasser holen gehn und stehnbleiben und mit niemand keine Dummheiten nicht machen. Hat erklärt, sie nimmt an, Master Tom würd mir auftragen, ich soll Zaun streichen, und sie hat gesagt, ich soll weitergehn und mich um meine eignen Angelegenheiten kümmern – um das Streichen würd sie sich kümmern."

„Ach, scher dich doch nicht um das, was sie gesagt hat, Jim. So redet sie doch immer. Gib mir mal den Eimer – ich bleib nicht mal'ne Minute weg. *Sie* wird's doch nicht merken."

„Oh, ich trau mich nicht, Master Tom. Die alte Missis, die nimmt mich bestimmt und reißt mir den Kopf ab. Das macht sie, ganz sicher."

„Die! Die haut doch nie jemand – bumst einen ein bißchen mit dem Fingerhut auf den Kopf, und wen stört das, möcht ich wissen? Sie schimpft ja schrecklich, aber Schimpfen tut nicht weh – wenigstens nicht, wenn sie nicht weint. Jim, ich geb dir eine Murmel. Eine weiße Glaskugel geb ich dir!"

Jim wurde schwankend.

„Eine weiße Glaskugel, Jim, und die läuft scharf!"

„Ach, ist das eine prima Murmel, muß ich sagen. Aber, Master Tom, ich hab Angst vor der alten Missis."

Jim war jedoch nur ein Mensch – die Anziehungskraft dieses Stücks war zu groß. Er setzte den Eimer ab und nahm die weiße Glaskugel. In der nächsten Minute flog er mit dem Eimer und einem prickelnden Hintern die Straße hinunter; Tom strich, was das Zeug hielt, und Tante Polly zog sich, einen Pantoffel in der Hand und Triumph im Blick, vom Felde zurück.

Toms Energie hielt jedoch nicht an. Ihm fielen die vergnüglichen Dinge ein, die er für heute geplant hatte, und sein Kummer vervielfachte sich. Bald mußten die Jungen, die frei waren, auf allen möglichen herrlichen Expeditionen hier vorbeigesprungen kommen, und sie würden ihn furchtbar auslachen, weil er arbeiten mußte – schon der Gedanke daran brannte wie Feuer. Er holte seine weltlichen Schätze hervor und betrachtete sie – Teile von Spielsachen, Murmeln und allerlei Plunder, genug, um vielleicht einen Arbeitstausch zu erkaufen, aber nicht genug, um auch nur eine halbe Stunde wahrer Freiheit zu erhandeln. So steckte er seine beschränkten Mittel wieder in die Tasche und gab den Gedanken an den Versuch auf, die Jungen zu kaufen. In diesem düsteren, hoffnungslosen Augenblick durchfuhr ihn eine Eingebung. Nicht mehr und nicht weniger als eine grandiose, fabelhafte Eingebung. Er nahm seinen Pinsel zur Hand und begab sich ruhig an die Arbeit. Kurze Zeit darauf kam Ben Rogers in Sicht, genau der Junge, vor dessen Spott er sich am meisten gefürchtet hatte. Bens Gang war ein einziges Hüpfen, Tanzen und Springen – Beweis genug, daß sein Herz leicht und voll hochgespannter Erwartungen war. Er aß einen Apfel und stieß in regelmäßigen Abständen ein langes, melodisches Heulen aus, dem ein tieftönendes Bim-bam-bam, Bim-bam-bam folgte, denn er stellte einen Dampfer dar. Als er heranzog, drosselte er die Geschwindigkeit, hielt sich in der Straßenmitte, lehnte sich weit nach steuerbord über und drehte gemessen, umständlich und mit großem Aufwand bei, denn er verkörperte den Dampfer „Big Missouri" und war sich bewußt, neun Fuß Tiefgang zu haben. Er war Dampfer, Kapitän und Schiffsglocke in einem, und so mußte er sich einbilden, er stehe auf seinem eigenen Hurrikandeck, erteile Befehle und führe sie auch aus.

„Stop, Sir! Bim-bim-bim." Die Vorwärtsbewegung hörte fast gänzlich auf, und er steuerte langsam den Bürgersteig an. „Maschine volle Kraft rückwärts! Bim-bim-bim!" Er streckte die Arme steif an den Seiten hinab. „Steuerbord achteraus! Bim-bim-bim! Tschuk-tsch-tschuk-tschuk-tschuk!" Seine rechte Hand beschrieb stattliche Kreise, denn sie stellte ein vierzig Fuß hohes Schaufelrad dar. „Backbord achteraus! Bim-bim-bim! Tschuk-tsch-tschuk-tschuk!" Nun begann die linke Hand, Kreise zu beschreiben.

„Steuerbord stop! Bim-bim-bim! Backbord stop! Steuerbord langsame Fahrt voraus! Stop! Das äußere Rad langsame Fahrt! Bim-bim-bim! Tschuk-uk-uk! Bugleine heraus! Los jetzt! Kommt – raus mit dem Spanntau – was macht ihr denn da? Vertäut doch das Doppelpart über den Poller. Ran an die Landungsbrücke jetzt – los! Alle Maschinen stop jetzt, Sir! Bim-bim-bim!“

„Scht!Scht!Scht!“ (Ausprobieren der Dampfhähne.)

Tom tünchte weiter – er kümmerte sich nicht um den Dampfer. Ben starrte ihn einen Augenblick an und sagte dann:

„Heda! Du steckst in der Patsche, was?“

Keine Antwort. Mit dem Auge des Künstlers begutachtete Tom seinen letzten Strich; dann fuhr sein Pinsel noch einmal mit leichtem Schwung darüber hinweg, und er begutachtete das Ergebnis von neuem. Ben bezog neben ihm Stellung. Beim Anblick des Apfels lief Tom das Wasser im Munde zusammen, er blieb jedoch bei seiner Arbeit. Da sagte Ben: „Hallo, alter Junge; mußt arbeiten, was?“

„Ach, du bist’s, Ben. Hab’s gar nicht gemerkt.“

„Ich geh schwimmen, hörst du? Würdest du nicht auch lieber mitkommen? Aber natürlich, du möchtest lieber schuften, nicht wahr?“

Tom betrachtete den Jungen ein Weilchen und fragte dann: „Was nennst du denn Arbeit?“

„Na, ist das vielleicht keine Arbeit?“

Tom machte sich wieder ans Tünchen und meinte gleichgültig: „Na, vielleicht, vielleicht auch nicht. Ich weiß nur eins: Tom Sawyer gefällt’s.“

„Ach, geh doch, du willst mir doch nicht etwa einreden, daß es dir Spaß macht?“ Der Pinsel fuhr weiter.

„Ob’s mir Spaß macht? Na, ich wüßte nicht, weshalb es mir keinen Spaß machen sollte. Bekommt ein Junge vielleicht jeden Tag einen Zaun zu streichen?“

Das ließ die Sache in neuem Licht erscheinen. Ben hörte auf, an seinem Apfel zu knabbern. Tom schwang seinen Pinsel mit behutsamer Eleganz hin und her – trat dann zurück, um die Wirkung festzustellen – setzte hier und da noch einen Tupfer hinzu – kritisierte die Wirkung von neuem, während Ben jede seiner Bewegungen beobachtete und ihn die Sache immer mehr interessierte, immer stärker fesselte. Nach einer Weile sagte er: „Du, Tom, laß mich auch einmal ein bißchen streichen."

Tom dachte nach, war schon drauf und dran zuzustimmen, überlegte sich's dann aber wieder anders: „Nein, nein, geht nicht, Ben. Schau, Tante Polly nimmt's arg genau mit dem Zaun hier, er steht ja direkt an der Straße –, wenn's der hinten wär, mir würde es nicht drauf ankommen und ihr auch nicht. Ja, arg genau nimmt sie's mit dem Zaun hier, ganz sorgfältig muß der gestrichen werden; ich glaube, kaum einer von tausend Jungen ist imstande, es so zu machen, wie es sich gehört – vielleicht nicht mal einer von zweitausend."

„Tatsächlich? Ach, komm schon! Laß mich bloß mal versuchen, bloß ein kleines bißchen. An deiner Stelle würd ich dich lassen, Tom."

„Ben, ich würd's ja gerne tun, aber Tante Polly – weißt du, Jim wollte, und sie hat ihn nicht gelassen. Sid wollte auch, und sie hat ihn auch nicht gelassen. Siehst du nicht, wie ich in der Klemme sitze? Wenn du dich dranmachst und es passiert was damit..."

„Ach, Quatsch; ich mach's genauso vorsichtig. Komm, laß mich mal versuchen. Ich geb dir ein Stück von meinem Apfel, ja?"

„Nun – ach, Ben, lieber nicht, ich hab Angst..."

„Ich laß dir den ganzen!"

Tom gab den Pinsel her, Widerstreben im Antlitz,

aber frohe Bereitwilligkeit im Herzen. Und während der vormalige Dampfer „Big Missouri“ in der Sonne arbeitete und schwitzte, ließ sich der in den Ruhestand getretene Künstler daneben im Schatten auf einem Faß nieder, baumelte mit den Beinen, verdrückte den Apfel und schmiedete Pläne, wie er noch weitere Unschuldige zur Strecke bringen könnte. An Material mangelte es nicht, immer wieder schlenderten Jungen vorbei; sie kamen, um zu spotten, und blieben, um zu weißeln. Als Ben abgekämpft war, hatte Tom bereits die nächste Gelegenheit, sich zu beteiligen, für einen gut erhaltenen Drachen an Billy Fisher verhandelt, und als der verschnaufen mußte, kaufte sich Johnny Miller ein mit einer toten Ratte samt einer Schnur, mit der man sie herumschwingen konnte; so ging es weiter und immer weiter, Stunde um Stunde. Und als der Nachmittag zur Hälfte vorüber war, da war aus dem am Morgen noch armen Tom ein Junge geworden, der sich buchstäblich in Reichtum wälzte. Neben den Dingen, die ich bereits erwähnt habe, besaß er zwölf Murmeln, ein Stück von einer Mundharmonika, einen Scherben blaues Flaschenglas, durch den man hindurchschauen konnte, einen Revolver, einen Schlüssel, der nichts aufschloß, ein Stück Kreide, einen Glasstöpsel von einer Karaffe, einen Zinnsoldaten, zwei Kaulquappen, sechs Knallfrösche, ein einäugiges Kätzchen, einen Türgriff aus Messing, ein Hundehalsband – aber keinen Hund –, einen Messergriff, vier Orangenschalen und einen verrotteten alten Fensterrahmen. Die ganze Zeit über hatte er hübsch behaglich gefaulenzt und eine Menge Gesellschaft gehabt – und den Zaun bedeckte eine dreifache Schicht Farbe! Wäre Tom nicht der Weißkalk ausgegangen, so hätte er sämtliche Jungen des Ortes bankrott gemacht.

Tom sagte sich, die Welt sei doch nicht so hohl und leer. Er hatte, ohne es zu wissen, ein wichtiges Gesetz entdeckt, welches das menschliche Handeln bestimmt: daß nämlich, um das Begehren eines Mannes oder eines Jungen nach etwas zu wecken, weiter nichts nötig ist, als die Sache schwer erreichbar zu machen. Wäre er ein großer und weiser Philosoph gewesen wie der Schreiber dieses Buches, dann hätte er jetzt verstanden, daß Arbeit in dem besteht, was man zu tun verpflichtet ist, und daß Spiel in dem besteht, was man nicht zu tun verpflichtet ist. Das hätte ihm begreifbar gemacht, weshalb es Arbeit ist, künstliche Blumen herzustellen oder in einer Tretmühle tätig zu sein, während es ein Vergnügen ist, Kegel zu schieben oder auf den Montblanc zu klettern. Es gibt in England reiche Herren, die im Sommer täglich verkehrende vierspännige Reisekutschen zwanzig oder dreißig Meilen weit lenken, weil dieses Vorrecht sie ziemlich viel Geld kostet; böte man ihnen aber Lohn für diesen Dienst, so würde er zur Arbeit, und dann gäben sie ihn auf.

QUELLEN- UND COPYRIGHTNACHWEISE

„Die Geschichte vom unartigen Jungen" und „Die Geschichte vom artigen Jungen" aus: Mark Twain: „Skizzen", Leipzig/Wien: Bibliographisches Institut 1893, Übersetzung: H. Löwe

„Zeitungswesen in Tennessee", „Wie ich ein landwirtschaftliches Blatt herausgab" und „Der große Rindfleischkontrakt" aus: Mark Twain: „Skizzenbuch", Stuttgart: Lutz 1897, Übersetzung: Margarete Jacobi, Henny Koch und L. Ottmann